羽翼六经　增光孔氏

册一

孟子·荀子

孟子　荀子　著

万卷出版公司

总序

中华文明的历程，源远流长，据地下出土的实物考证，迄殷商之际，就已经出现文明起源的标志——文字。此种文字，或刻于甲骨，或铭于青铜，概因材料限制，所记史事无不约略而简明。春秋时期，简牍出现，而后缣帛流传于世。但仍未步入寻常百姓家。直到纸张的出现，典籍才真正扩大了传播的范围。

璀璨的中华民族文化典籍，先后在这些载体中延续，为后世留下了一笔宝贵的精神财富。延至唐代，雕版印刷术的发明，加快了典籍的传播进程。有宋以来，活字印刷术的出现，使大批量典籍的印制成为可能。刻书不再为官府独有，开始转向了民间。两宋三百一十六年间，刻书事业最为兴盛，据不完全统计，官私刻书竟达一万多种，而印刷数量更是以千万来计，各种名目的图书进入了百姓之家。即便元代，历时虽不足百年，但是刻书数目也达到三千多种，数量蔚为可观。

然而，随着朝代更迭，『兵燹』与『祸乱』盛行，各种典籍散佚极其严重，加之历代执政者焚书，传世典籍已经日趋珍惜。至明清，唐、五代时期所刻典籍，如片鳞只甲，大多湮没于世；而宋元时期所刻典籍，亦所剩无多。宋版书千金难求，一旦偶获，即被奉为瑰宝。无怪乎清代版本学家、校勘学家顾千里发出这样的概叹：『宋元本距今远者八百余年，近者不足五百年，而天壤间乃已万不一存。』

时至今日，文物古籍已成稀世之宝，多被束之高阁，藏于各大图书馆、博物馆之中。随科技的进步，通过高超的影印技术可以把古籍真实地还原出来，让人思接千载，神游万仞。但是令广大读者遗憾的是，面对这些缺乏句读、艰涩的辞句，聱牙的文言，真能入乎其中、探骊得珠者，为数甚少。而境外诸邦，咸称中国传统文化，

尊奉其为修身真理，治世良策。有鉴于此，新排古籍应运而生。这种融古今于一体的出版方式，真正适应了大众读者的需求。它采用了古籍的形式，加入现代人的阐释和解读，这些曾闪现在历史长河中鲜为人知的思想火花，一时呈现出绚丽的光芒，有力地推动了中华文化在海内外的传播和发展。

手工线订产品系列，主要包括国学经典和国学艺术两大类，正是针对古籍出版来尝试的一种承续形式。国学经典类对传统古籍披沙拣金、层层筛选经史子集各种书目，择取其中最为世人熟知，最能代表文化精髓者；再精选历代善本，邀专家注解，并用白话文再现古圣先贤的智慧。国学艺术类利用先进技术，四色或者双色印刷，力求还原传世典藏的本来面目及其独特魅力。使中华文化的香火传之久远，并泽及后世，这不仅是智品藏书全员的衷心，更是华夏同仁的殷切期盼。

前言

孟子、荀子是孔子之后儒家的代表人物。他们都生活在战国，这是一个思想大迸发的时代，后人称之为『百家争鸣』。这时的各国诸侯是虚心的，天下混战的状况使他们都意识到人才的重要性；这时的知识分子是自由且被看重的，四方游说，备受优待，像公孙衍、张仪更是『一怒而诸侯惧，安居而天下熄』（《孟子·滕文公下》）。

孟子游说过梁惠王、齐宣王、滕文公等不少诸侯，这些人都很尊敬他，可是他总是闷闷不乐，因为孟子追求的不是用于『养弟子』的『万钟』（《孟子·公孙丑下》）。他津津乐道自己那一套『五亩之宅，树之以桑』的王道和乐图，可总找不到一个君主把这一切来实现。荀子的时代已经是战国的晚期，他似乎是一个专心搞学术的人，曾三次出任齐国稷下学宫的祭酒，这是一个『不任职而论国事』（桓宽《盐铁论·论儒》）的地方，学术氛围非常浓厚，思想自由，各个学派并存。在这种环境下，荀子的思考当然更详细更深入，所以，《荀子》一书系统性和理论性都比较强。值得一提的是，秦相李斯和法家的集大成者韩非子都是荀子的弟子。

孟子的地位在宋代以前并不是很高。到了唐代，韩愈在《原道》中把他列为唯一继承孔子『道统』的人物；至宋代，《孟子》一书升格为经典，成为『十三经』之一，孟子也被当时的统治者封为『邹国公』，配享孔庙；南宋的朱熹把《论语》《孟子》《大学》《中庸》合称『四书』，使《孟子》一书的地位更在『五经』之上，元朝的统治者更是加封孟子为『亚圣公』，地位仅次于孔子。较之孟子，

荀子可没有这么幸运，因为他的两大弟子都是法家的代表，总有人怀疑荀子是否是儒家的人物。由于荀子总是受到学者的抨击，所以历代对《荀子》一书进行研究的人很少，直到清代考据学兴盛了，对《荀子》进行注释校订的人才增加，最有代表性的是王先谦的《荀子集解》。

《孟子》《荀子》中的思想是很丰富的，虽然孟荀都推崇孔子，可是两人的观点却有很大的不同。孟子主要主张仁政王道，民本思想；荀子则主张礼法并重、王霸兼行，他还发挥了先秦的自然论，提出了朴素唯物色彩的天道观。关于人性，孟子的『性善论』和荀子的『性恶论』可谓针锋相对。

《孟子》《荀子》都是很优秀的文学作品。孟子长于论辩，气势磅礴，词锋犀利，富于形象性和鼓动性，有纵横家的气概；荀子则不同，他看起来沉静一些，读起来质朴缜密，明晰晓畅。个性决定文风，读者细细品味，定会各有所见。

目录

目录

册四

《孟子》是儒家著作之一。该书是孟子言论的汇编，记录了孟子的思想和政治观点，其中的很多精辟思想，为后世推崇，被奉为经典。《孟子》也是一部以雄辩著称的书，从书中我们可以感受到孟子『舍我其谁』的信心、『虽千万人吾往矣』的勇气，以及那难以直面的强劲词锋。

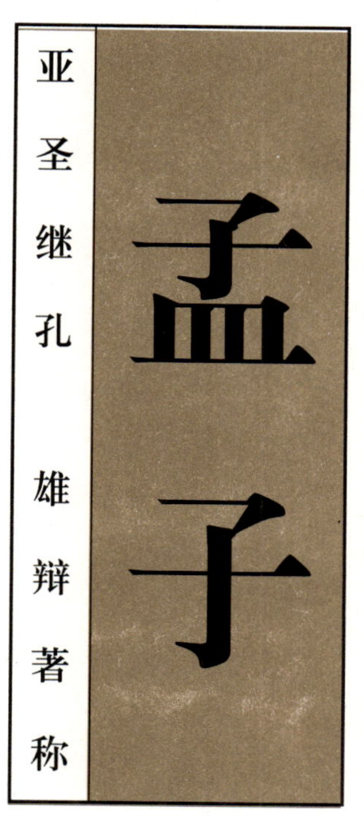

孟子

孟子（前372—前289），战国时期鲁国人，名轲，字子舆，是中国古代伟大的思想家，教育家，战国时期儒家代表人物之一。《孟子》一书是孟子的言论汇编，由孟子及其弟子共同编写而成，记录了孟子的语言、政治观点和政治行动的儒家经典著作。

梁惠王章句上

原文

孟子见梁惠王①。王曰：『叟不远千里而来，亦将有以利吾国乎？』

孟子对曰：『王何必曰利？亦有仁义而已矣。王曰：「何以利吾国？」大夫曰：「何以利吾家？」士庶人曰：「何以利吾身？」上下交征利，而国危矣。万乘之国，弑其君者，必千乘之家；千乘之国，弑其君者，必百乘之家。万取千焉，千取百焉，不为不多矣。苟为后义而先利，不夺不餍。未有仁而遗其亲者也，未有义而后其君者也。王亦曰仁义而已矣，何必曰利？』

注释

①梁惠王：就是魏惠王（前400年至前319年），惠是他的谥号。他即位后九年由旧都安邑（今山西夏县北）迁都大梁（今河南开封西北），所以又叫梁惠王。

译文

孟子拜见梁惠王，惠王说：『老人家，您不辞千里而来，定将有什么有利于我国吧？』

孟子回答道：『大王为什么要讲「利」？有仁义就够了。大王说：「有什么有利于我国？」大夫们说：「有什么有利于我家？」士和庶人们说：「有什么有利于我自己？」（这样）上下互相追求私利，那么，国家就危险了。在拥有兵车万乘的国家，谋杀他们的君主的，必然是拥有兵车千乘的大夫；在兵车千乘的国家，谋杀他们的君主的，必然是拥有兵车百乘的大夫之家。在兵车万乘的国家里，大夫能从中获得兵车千乘，在兵车千乘国家里，大夫能从中获得兵车百乘，不能说是不多了。假如真正是轻义而重利，那就非闹到篡夺君位的地步是不能满足的。（可是）从来没有讲仁德的人会遗弃他的双亲的，从来没有讲道义的人会不尊重他的君王的。大王您只要讲仁义就够了，为什么要讲利呢？』

原文

孟子见梁惠王。王立于沼上，顾鸿雁麋鹿，曰：『贤者亦乐此乎？』

孟子对曰：『贤者而后乐此，不贤者虽有此，不乐也。《诗》云：「经始灵台①，经之营之，庶民攻之，不日成之。经始勿亟，庶民子来。王在灵囿，麀鹿攸伏，麀鹿濯濯，白鸟鹤鹤。王在灵沼②，于牣鱼跃。」文王以民力为台为沼，而民欢乐之，谓其台曰灵台，谓其沼曰灵沼，乐其有麋鹿鱼鳖。古之人与民偕乐，故能乐也。《汤誓》曰：「时日害丧，予及女皆亡。」民欲与之偕亡，虽有台池鸟兽，岂能独乐哉？』

注释

①灵台，台名，故址在今陕西西安西北。②灵沼：池名。

孟子谒见梁惠王，惠王站在水沼上，望着（那许多）鸿雁麋鹿，（得意洋洋地）问孟子道：『贤德的

仙鹤图

仙鹤在中国古代被认为是高雅、长寿的象征。不论君王还是平民，对仙鹤都有一种景仰和欣喜之情。

人也喜欢享受这些东西吗？』

孟子（回答）说：『是贤德的人才能享受到这些东西，不是贤德的人，尽管拥有这些东西也享受不到。《诗》里面说：「开始筹建灵台，又是测量又是经营。百姓一齐来建造它，很快便建成了。动工不用多督促，百姓都如子女一样自愿前来。文王来到灵囿，母鹿伏地自悠悠。母鹿长得肥又美，白色的鸟洁白又肥美！文王来到灵沼旁，啊！满池鱼跳跃！」文王用百姓的劳力建高台挖深池，百姓却欢欢喜喜，称他的台为灵台，称他的沼为灵沼，为他能享受到麋鹿鱼鳖的奉养而高兴。古时的贤者能够与民同乐，所以能得到快乐。《尚书》里的《汤誓》（载着百姓诅咒暴君夏桀王的话）道：「这个太阳什么时候灭亡呢？我们愿意跟你一同灭亡。」百姓要跟他一同灭亡，那他即使有台池鸟兽，难道能够独个儿享受么？』

原文

梁惠王曰：『寡人之于国也，尽心焉耳矣。河内①凶，则移其民于河东②，移其粟于河内。河东凶亦然。察邻国之政，无如寡人之用心者。邻国之民不加少，寡人之民不加多，何也？』

孟子对曰：『王好战，请以战喻。填然鼓之，兵刃既接，弃甲

曳兵而走。或百步而后止，或五十步而后止。以五十步笑百步，则何如？』

曰：『不可。直不百步耳，是亦走也。』

注释

①河内：指黄河以北的今河南省沁阳、济源、博爱一带，当时是魏国的领土。②河东：指黄河以东的今山西省西南部，当时是魏国的领土。

译文

梁惠王说：『对于治理国家，我（真的是）尽心竭力了呀！河内发生灾荒，就将那里的灾民移往河东，将河东的粮食运送到河内。当河东发生了灾荒时，我也是这样做。看看邻国的君主办理政事，没有一个像我这样用心的。可是，邻国的人民并不见减少，而我的人民并不见增多，这是什么原因呢？』

孟子回答道：『大王您喜欢打仗，就让我拿战争来打比方吧。战鼓冬冬地敲响了，短兵相接，（打了败仗的）就抛下盔甲，拖着武器，狼狈逃窜，有的逃了上百步才停下来，有的只逃五十来步就住了脚，后者拿自己只后退五十来步去讥笑后退了百步的人（胆子小），（您觉得）这种做法怎么样呢？』

梁惠王说：『不行。只不过没有后退上百步罢了，可这也是逃跑呀。』

原文

曰：『王如知此，则无望民之多于邻国也。不违农时，谷不可胜食也；数罟不入洿池，鱼鳖不可胜食也；斧斤以时入山林，材木不可胜用也。谷与鱼鳖不可胜食，林木不可胜用，是使民养生丧死无憾也。养生丧死无憾，王道之始也。五亩之宅，树之以桑，五十者可以衣帛矣；鸡豚狗彘之畜，无失其时，七十者可以

桑麻织作

采桑养蚕是中国自古就有的劳作，但因蚕丝珍贵，一般人很难穿得起丝质衣服。

食肉矣；百亩之田，勿夺其时，数口之家可以无饥矣；谨庠序①之教，申之以孝悌之义，颁白者不负戴于道路矣。七十者衣帛食肉，黎民不饥不寒，然而不王者，未之有也。狗彘食人食而不知检，途有饿莩而不知发；人死，则曰：「非我也，岁也。」是何异于刺人而杀之，曰：「非我也，兵也。」王无罪岁，斯天下之民至焉。』

注释

①庠序：古代地方所设的学校。

译文

孟子说：『大王您既然懂得了这个道理，就不必去盼望您国家的人民比邻国多啦。（治理国家的人）只要不去剥夺农民耕种的时间，那粮食就吃不了；不拿过于细密的鱼网到池塘中去捞鱼，那鱼类水产便吃不完；砍伐林木有定时，那木材便用不尽。粮食和鱼类水产吃不完，木材用不尽，这样便使老百姓供养生人、安葬死者不会感到什么不满足。老百姓养生送死没有什么不满足，这便是王道的起点。在五亩大的住宅旁，种上桑树，上了五十岁的人就可以穿丝绵袄了；鸡和猪狗一类家畜不要耽误它们的繁殖饲养的时间，上了七十岁的人就可以经常吃到肉食了。一家一户所种百亩的田地能及时得到耕种，数口之家就不会闹饥荒了。认真地搞好学校教育，反复地阐明孝顺父母、尊敬老人的重要意义，须发花白的老人们就不再会肩挑背负出现在道路上了。七十岁以上的人穿丝绵吃肉食，一般老百姓不少食缺衣，这样还不能得到广大人民的拥戴而实现王道的事，是决不会有的。现在，猪狗一类家畜吃着人吃的粮食却不知道设法制止，路上出现了饿死的人却不知道开仓赈济饥民；老百姓死了，却说「（致他们于死地的）不是我，是凶年饥岁」，这和拿刀把人刺杀，却说「是兵器杀的人，不是我杀的」，还有什么不同呢？大王您要是能够不归罪于凶年饥岁，这样，普天之下的老百姓便会投奔您这儿来了。」

原文

梁惠王曰：「寡人愿安承教。」孟子对曰：「杀人以梃与刃，有以异乎？」曰：「无以异也。」「以刃与政，有以异乎？」曰：「无以异也。」曰：「庖有肥肉，厩有肥马，民有饥色，野有饿莩，此率兽而食人也。兽相食，且人恶之；为民父母，行政，不免于率兽而食人，恶在其为民父母也？仲尼曰：「始作俑[①]者，其无后乎！」为其象人而用之也。如之何其使斯民饥而死也？」

注释

①俑：古代陪葬用的土偶、木偶。「始作俑者」就是指这最初采用土偶、木偶陪葬的人。

译文

梁惠王对孟子说：「我愿高兴地接受您的教导。」孟子回答道：「用棍棒和用刀子杀害人，二者有什么不同吗？」惠王说：「没有什么不同。」孟子紧接上去问道：「用刀子和用政治杀人有什么不同吗？」惠王说：「没有什么不同。」孟子说：「厨房里摆着肥美的肉食，马栏里关着膘肥体壮的马匹，老百姓却面有饥色，田野上横陈着饿死者的尸体，这无异于赶着兽类去吃人。兽类自相残食，人们尚且憎恶它们这种行为；那些号称为民父母的执政者，办理政事时，不免干出类似驱赶兽类去吃人的勾当来，那么，他们作为人民父母的意义又在哪里呢？孔仲尼说过一句这样的话：「第一个制作殉葬用的木偶的人，应该没有后代留下吧！」孔子对这个为什么深恶痛绝呢？就因为用了像人形貌的木偶去殉葬。照这样看来，又怎么可以使老百姓饥饿而死呢？』

梁惠王曰：『晋国①，天下莫强焉，叟之所知也。及寡人之身，东败于齐，长子死焉②；西丧地于秦七百里③；南辱于楚④。寡人耻之，愿比死者壹洒之，如之何则可？』

孟子对曰：『地方百里而可以王。王如施仁政于民，省刑罚，薄税敛，深耕易耨；壮者以暇日修其孝悌忠信，入以事其父兄，出以事其长上，可使制梃以挞秦楚之坚甲利兵矣。彼夺其民时，使不得耕耨以养其父母，父母冻饿，兄弟妻子离散。彼陷溺其民，王往而征之，夫谁与王敌？故曰：「仁者无敌。」王请勿疑！』

注释

①晋国：韩、赵、魏三家分晋，被周天子和各国承认为诸侯国，称三家为三晋，所以，梁（魏）惠王自称魏国也为晋国。②东败于齐，长子死焉：公元前341年，魏与齐战于马陵，兵败，主将庞涓被杀，太子申被俘。③西丧地于秦七百里：马陵之战后，魏国国势渐衰，秦屡败魏国，迫使魏国献出河西之地和上郡的十五个县，约七百里地。④南辱于楚：公元前324年，魏又被楚将昭阳击败于襄陵，魏国失去八邑。

译文

梁惠王（对孟子）说：『当今世上没有哪个国家比晋国强大，这是您老人家所知道的。自从我继承王位，东面被齐国打败，连我的大儿子也丢了性命；西面丧失土地七百余里给秦国；南面又被楚国所折辱。我对此深以为耻，愿意替那些为国牺牲的人彻底报仇雪恨。要怎么办才可以（做到）呢？』

孟子答道：『（国家不在大）只要有方圆百里的土地就可以实行王道（使天下归心）。大王您假如能够对人民实施仁政，废除严刑峻法，减免苛捐杂税，督促人民深耕土地，清除杂草；壮年人还在农闲的时候讲求孝顺父母、尊敬兄长、办事尽力和待人诚实的道理，在家里便用来侍奉父兄，出外便用来侍奉长辈和上级（包括国君），这样即使他们用木棒也足以打败那些身披坚甲、手执利器的秦楚的军队了。（秦、楚、齐等）那些国家剥夺人民的耕种时间，使他们不能从事农耕来养活他们的父母，以至父母受冻挨饿，妻离子散，兄弟天各一方。他们陷人民于水深火热之中，大王您派军队前往讨伐他们，又有谁敢跟您大王对敌呢？所以有句老话说：「奉行仁政的人无敌于天下。」大王啊，请您对这点不要再怀疑了！』

原文

孟子见梁襄王[1]，出，语人曰：『望之不似人君；就之而不见所畏焉。卒然问曰：「天下恶乎定？」吾对曰：「定于一。」「孰能一之？」对曰：「不嗜杀人者能一之。」「孰能与之？」对曰：「天下莫不与也。王知夫苗乎？七八月之间旱，则苗槁矣。天油然作云，沛然下雨，则苗浡然兴之矣。其如是，孰能御之？今夫天下之人牧，未有不嗜杀人者也。如有不嗜杀人者，则天下之民皆引领而望之矣。诚如是也，民归之，由水之就下，沛然谁能御之？」』

注释

①梁襄王：梁惠王的儿子，名嗣，公元前318年至公元前296年在位。

译文

孟子见到梁襄王，出来之后，告诉人家说：『远远望上去不像个国君的样子，走近他前面却又看不到有什么使人敬畏的地方。（见了我后），突然问道：「天下要怎样才能使之安定呢？」我回答说：「天下安定在于统一。」（他紧接着又回答道：）「谁能统一天下呢？」我对他说：「不喜欢杀人的国君就能统一天下。」（他又说：）「谁会归附他呢？」我又回答：「天下没有不归附他的。大王您知道禾苗生长的情况吗？七八月时，一发生干旱，禾苗就要枯槁了。只要天上乌云翻滚，大雨倾盆，禾苗便又蓬蓬勃勃地长势喜人了。要是像这样，谁能阻挡（生长）呢！现在世上那些做国君的人，没有不喜欢杀人的，如果有不喜欢杀人的，天下的老百姓就会伸长脖子巴望他来解救自己了。如果真是这样，那么，老百姓归附他，就好比水向低处流，奔腾澎湃，又有谁能阻挡得了它们呢！」』

原文

齐宣王①问曰：『齐桓、晋文之事，可得闻乎？』孟子对曰：『仲尼之徒无道桓文之事者，是以后世无传焉，臣未之闻也。无以，则王乎？』曰：『德何如则可以王矣？』曰：『保民而王，莫之能御也。』曰：『若寡人者，可以保民乎哉？』曰：『可。』曰：『何由知吾可也？』曰：『臣闻之胡龁②曰：王坐于堂上，有牵牛而过堂下者，王见之，曰：「牛何之？」对曰：「将以衅钟③。」王曰：「舍之！吾不忍其觳觫，若无罪而就死地。」对曰：「然则废衅钟与？」曰：「何可废也？以羊易之！」不识有诸？』

曰：『有之。』

注释

①齐宣王：姓田，名辟疆。齐威王的儿子，齐泯王的父亲，约公元前 319 年至公元前 301 年在位。②胡龁：人名，齐宣王身边的近臣。③衅钟：新钟铸成，杀牲取血涂抹钟的孔隙，用来祭祀。按照古代礼仪，凡是国家的某件新器物或宗庙开始使用时，都要杀牲取血加以祭祀。

译文

齐宣王问（孟子）道：『（先生您可以把）春秋时齐桓公和晋文公称霸于诸侯的事业讲给我听听吗？』孟子回答说：『孔子门下的人，没有一个讲述齐桓公和晋文公的霸业，所以后世不曾传下来，我没有听说过。如果一定要我说下去，就谈谈王道好吗？』齐宣王问道：『要具备怎样的德行才有资格施行王道呢？』孟子答道：『通过安抚人民（使他们安居乐业）的方法去实行王道，那是没有谁能阻挡得了的。』齐宣王又问：『像我这样的人，可以安抚百姓吗？』孟子答道：『可以。』齐宣王又问：『您凭什么知道我可以呢？』孟子继续答道：『我听到您的近臣胡龁说，有一次大王您坐在堂上，有个人牵着牛走过堂下，您问他道：「牵牛上哪儿去？」他回话道：「要杀了它去祭钟。」您说：「放掉它吧！它这样没有罪过却往死地里送，看到它那吓得发抖的样子，我心里实在不忍。」那个人回问道：「那么，就废止祭钟的仪式吗？」您说：「怎么可以废止呢？拿只羊去换吧！」不知有没有这回事？』齐宣王说：『有这回事。』

原文

曰：**『是心足以王矣，百姓皆以王为爱也，臣固知王之不忍也。』**王曰：**『然，诚有百姓者。齐国虽褊**

小，吾何爱一牛？即不忍其觳觫，若无罪而就死地，故以羊易之也。』曰：『王无异于百姓之以王为爱也。以小易大，彼恶知之？王若隐其无罪而就死地，则牛羊何择焉？』王笑曰：『是诚何心哉？我非爱其财而易之以羊也。宜乎百姓之谓我爱也。』曰：『无伤也，是乃仁术也，见牛未见羊也。君子之于禽兽也，见其生，不忍见其死；闻其声，不忍食其肉。是以君子远庖厨也。』

牛 古时常用牲畜来祭祀，多用牛羊等。被用来祭祀的牲畜就叫做『牺牲』。

译文

孟子说：『有这样的好心就足以凭借来施行王道了。百姓都以为您大王是吝啬，我本来就知道您是于心不忍哩。』齐宣王说：『对，如果真个像百姓所想的，齐国地方虽然不大，我怎么会舍不得一头牛呢？就是因为不忍心看到它吓得发抖，这样毫无罪过却要往死地里送，所以才说拿只羊去换它。』孟子说：『您不要怪百姓以为吝啬。拿小小的羊去换下头大牛来，他们又怎么知道您的用意呢？您要是哀怜牲畜没有罪过却往死地里送，那么在牛羊两者之中又有什么差别呢？』齐宣王不禁发笑道：『这真个是什么心理呢？我并不是吝惜钱财才拿只羊去替换它（牛），难怪百姓要说我吝啬哩。』孟子说：『这没有关系，这正是仁爱之道，因为你只见到牛没有见到羊。一个有仁爱之心的人对于那些家禽家畜，看到它们活得那么好，就不忍心看着它们死去；听到它们鸣叫的声音，便不忍心吃它们的肉。所以，一些居心仁厚的人们总是要把厨房建造得离自己的住地远一点。』

原文

王说，曰：『《诗》云：「他人有心，予忖度之。」夫子之谓也。夫我乃行之，反而求之，不得吾心。夫子言之，于我心有戚戚焉。此心之所以合于王者，何也？』曰：『有复于王者曰：「吾力足以举百钧，而不足以举一羽；明足以察秋毫之末，而不见舆薪，」则王许之乎？』曰：『否。』『今恩足以及禽兽，而功不至于百姓者，独何与？然则一羽之不举，为不用力焉；舆薪之不见，为不用明焉；百姓之不见保，为不用恩焉。故王之不王，不为也，非不能也。』

译文

齐宣王听了，高兴地说：『《诗》里面讲过：「别人有想法，我能猜中它。」这个话像是冲着您老先生说的。我自己做了这件事，回过头来要探索做它的目的意义，反而得不出。经您这样一讲，我心里又感到有些触动了。这种心地是怎么与王道仁政合拍的呢？』

羊

羊也是常用的祭祀牲畜，在祭祀中的地位仅次于牛。

孟子说：『有人向大王禀告：「我的力气能够举起三千斤重的东西，却拿不起一根羽毛；（我的）视力能够看清秋天里刚换过的兽毛的末梢，却看不见一大车木柴。」那么，您大王会同意他这种说法吗？』齐宣王说：『不，我不会同意。』孟子紧接上去说：『现在您大王一片仁心，使禽兽受惠，而百姓却一无所得，这是什么原因呢？这样看来，一根羽毛拿不起来，是因为不愿用手力；一车柴看不见，是因为不愿用目力；百姓不被爱护，是因为不愿广施恩泽。所以您大王的不行王道，统一天下，是不肯做，并不是不能做。』

曰：『不为者与不能者之形何以异？』曰：『挟太山以超北海，语人曰：「我不能。」是诚不能也；为长者折枝，语人曰：「我不能。」是不为也，非不能也。故王之不王，非挟太山以超北海之类也；王之不王，是折枝之类也。

『老吾老，以及人之老；幼吾幼，以及人之幼。天下可运于掌。《诗》云：「刑于寡妻，至于兄弟，以御于家邦。」言举斯心加诸彼而已。故推恩足以保四海，不推恩无以保妻子。古之人所以大过人者，无他焉，善推其所为而已矣。今恩足以及禽兽，而功不至于百姓者，独何与？

『权，然后知轻重；度，然后知长短。物皆然，心为甚。王请度之！』

译文

齐宣王问道：『不肯做和不能做，从外表上说来，有什么不同？』孟子说：『要一个人将泰山挟在腋下跳过渤海，他告诉别人说：「我不能做。」这的确是不能做。叫一个人替年迈力衰的长辈按摩肢体，他告诉别人说：「我不能做。」这是他不肯做，不是不能做。所以您大王的不行王道，统一天下，不是属于将泰山挟在腋下跳过渤海一类事情；您大王的不行王道，统一天下，是属于替年迈力衰的长辈按摩肢体一类的事情。

『尊奉自家的长辈，推广开去也尊奉人家的长辈，爱抚自家的儿童，推广开去也爱抚人家的儿童，那么，治理天下便可以像把一件小东西放在手掌上转动那么容易了。《诗》里面说过：「在家先为妻子立榜样，然后兄弟也照样，再行推广治国安邦。」这不过是说拿自己的一片仁爱之心加到别人的身上罢了。因此，能够推广恩泽，爱护百姓的人就能保护天下，否则，就连自己的老婆孩子也保护不了。古代那些圣明的国君之所以能远远超过一般人，没有别的什么秘诀，只是善于推己及人罢了。现在您大王的恩泽能够施及禽兽，而百姓们却得不到点滴好处，这又是什么原因呢？

『称一称，然后才知道轻重；量一量，然后才知道长短。凡是物体，没有不是这样的，心的长短轻重就较一般物体更难齐一，尤其需要衡量。请大王您细加衡量吧！』

原文

『抑王兴甲兵，危士臣，构怨于诸侯，然后快于心与？』王曰：『否，吾何快于是？将以求吾所大欲也。』曰：『王之所大欲，可得闻与？』王笑而不言。曰：『为肥甘不足于口与？轻暖不足于体与？抑为采色不足视于目与？声音不足听于耳与？便嬖不足使令于前与？王之诸臣，皆足以供之，而王岂为是哉？』曰：『否，吾不为是也。』曰：『然则王之所大欲可知已。欲辟土地，朝秦楚，莅中国而抚四夷也。以若所为，求若所欲，犹缘木而求鱼也。』王曰：『若是其甚与？』曰：『殆有甚焉。缘木求鱼，虽不得鱼，无后灾；以若所为，求若所欲，尽心力而为之，后必有灾。』

译文

『难道大王您要兴师动众，使您的臣下和士兵冒生命的危险，和诸侯结下深仇大恨，然后心里才感到快活吗？』齐宣王说：『不，我对这个有什么快感？我之所以这样做，是想借此得到我所梦寐以求的东西。』孟子问道：『您大王所十分希望得到的东西，可以讲给我听听吗？』齐宣王只是笑笑，不回答。孟子（先故意用试探的口吻）问道：『是为了好吃的食品不够味吗？轻暖的衣着不够舒适吗？还是为了文采美色不中看吗？琴瑟歌唱不中听吗？侍奉左右的宠臣不够役使吗？您大王下面的臣子这些都能充分供给，您难道为的是这些么？』齐宣王说：『不，我不是为这些。』孟子说：『那么，您所十分希望得到的东西可以知道了。您是想扩张国土，使秦、楚等大国北面朝见您，然后统治整个中原地带，安抚四方边远部族地区。凭您现在的所作所为，去追求您所想得到的东西，简直像是爬到树上去抓鱼一样。』齐宣王问道：『事情会像您讲的这么严重吗？』孟子说：『恐怕还要更严重哩。爬到树上去抓鱼，尽管抓不到鱼，却不会有什么后患；凭您的所作所为，去追求您所希望得到的东西，要是尽心竭力地去做，必然会留下灾祸在后头。』

原文

曰：『可得闻与？』曰：『邹[①]人与楚人战，则王以为孰胜？』曰：『楚人胜。』曰：『然则小固不可以敌大，寡固不可以敌众，弱固不可以敌强。海内之地，方千里者九，齐集有其一。以一服八，何以异于邹敌楚哉？盖亦反其本矣。

『今王发政施仁，使天下仕者皆欲立于王之朝，耕者皆欲耕于王之野，商贾皆欲藏于王之市，行旅皆欲出于王之涂，天下之欲疾其君者，皆欲赴愬于王。其若是，孰能御之？』

王曰：『吾惛，不能进于是矣。愿夫子辅吾志，明以教我。我虽不敏，请尝试之。』

曰：『无恒产而有恒心者，惟士为能；若民则无恒产，因无恒心。苟无恒心，放辟邪侈，无不为已。及陷于罪，然后从而刑之，是罔民也。焉有仁人在位，罔民而可为也？是故明君制民之产，必使仰足以事父母，俯足以畜妻子，乐岁终身饱，凶年免于死亡；然后驱而之善，故民之从之也轻。

『今也制民之产，仰不足以事父母，俯不足以畜妻子，乐岁终身苦，凶年不免于死亡。此惟救死而恐不赡，奚暇治礼义哉。

『王欲行之，则盍反其本矣：五亩之宅，树之以桑，五十者可以衣帛矣。鸡豚狗彘之畜，无失其时，七十者可以食肉矣。百亩之田，勿夺其时，八口之家可以无饥矣。谨庠序之教，申之以孝悌之义，颁白者不负戴于道路矣。老者衣帛食肉，黎民不饥不寒，然而不王者，未之有也。』

注释

①邹：国名，就是当时的邾国，国土很少，首都在今山东邹县东南的邾城。

译文

齐宣王说：『您可以把（后必有灾的）道理讲给我听听吗？』孟子反问道：『假如邹国人跟楚国人开战，那么大王您认为谁会得胜呢？』齐宣王回答说：『当然楚国人会得胜。』孟子说：『这样说来，小国本来就不可以抵挡大国，人数少的本来就不可以抵挡人数多的，势力弱的本来就不可以抵挡势力强的。现在天下拥有千里见方的土地的一共只有九个，齐国的土地凑合起来也不过只占九分之一。拿九分之一的地方去征服九分之八的地方，这跟邹国去和楚国对敌又有什么两样呢？您又为什么不回到根本上去求得问题的解决呢？

养豕自供

仓廪实而知礼节，衣食足而知荣辱。国君想要人民知道礼仪法度，首先得解决他们的温饱问题。猪作为最常见的家畜，是人民生活的必要条件。汉朝公孙弘少时家贫，他就自己养猪以供生活。

『现在大王您如果发布命令，施行仁政，使天下想做官的人们都愿意在大王您的朝中做官，耕田的人都愿意在大王您的田野里种地，经商的人们都愿意到您大王的街市上做生意，旅行的人们都愿意到大王您的国土上来游历，天下那些对自己的国君不满的臣僚都愿来到大王您跟前申诉。要是真能做到这样，又有谁能跟您对敌呢？』

齐宣王说：『我的脑子不大好使了，不能施行这样的仁政了。希望先生您辅助我实现我的志向，明确地教导我。我虽然缺乏才干，请让我试试看。』

孟子说：『一个人没有一定的维持生计的产业，却能坚持一贯向善的好思想，这只有读书明理的人才做得到。至于普通老百姓，那就只要失去了一定的维持生计的产业，因而就会动摇一贯向善的好思想。假使真个没有了这种好思想，那就会肆意妄为，不守法纪，胡作非为，没有什么干不出来的。等到因此犯了罪，然后对他们施加刑罚，这等于设下网罗陷害人民。怎么会有仁爱的国君在位，却可以干出陷害人民的勾当的呢？所以贤明的国君规定老百姓的产业，一定要使他们上面足够奉养他们的父母亲，下面足够养活他们的老婆孩子；遇上好年成终身饱暖，即使是凶年饥岁，也能不至于饿死；然后要求他们走上向善的道路，因此老百姓也就容易听从了。

『现在规定老百姓的产业，上面不够奉养父母亲，下面不够养活老婆孩子；即使年成好，也要终身困苦，遇上凶年饥岁，就更是免不了要饿死。这样就连救自家儿的性命都还来不及，哪有空余时间去讲究什么礼义呢？

『大王您既然想成就统一天下的大业，那就何不回到根本上来呢：在五亩大的住宅旁，种上桑树，五十岁的人就可以穿丝绵袄了；鸡和猪狗一类家畜不要耽误它们繁殖饲养的时间，上了七十岁年纪的人就可以经常吃到肉食了。一家一户所种百亩的田地能及时得到耕种，八口人吃饭的人家，就可以不挨饿了。认真地搞好学校教育，反复地阐明孝顺父母、尊敬长辈的重要意义，须发花白的老人们就不再会肩挑背负出现在道路上了。年老的人穿丝绵、吃肉食，一般老百姓不少食缺衣，这样还不能得到广大人民的拥戴，以实现王道的事，是绝对不会有的。』

梁惠王章句下

原文

庄暴[1]见孟子，曰：『暴见于王[2]，王语暴以好乐，暴未有以对也。』曰：『好乐何如？』孟子曰：『王之好乐甚，则齐国其庶几乎！』他日见于王，曰：『王尝语庄子以好乐，有诸？』王变乎色，曰：『寡人非能好先王之乐也，直好世俗之乐耳。』

注释

①庄暴：齐国大臣。②王：指齐宣王。

译文

庄暴见到孟子，说：『齐王召见我，告诉我他喜欢音乐，我（一时）想不到用什么话来回答他。』（庄暴稍停一会儿，）接着问孟子道：『（一个做国君的人）喜欢音乐，到底应不应该呢？』孟子说：『齐王要喜欢音乐到了极点，那么，齐国差不多就可以治理好了啊！』后来有一天，孟子被齐宣王召见时，说：『您大王曾经告诉过庄暴您喜欢音乐，有这回事吗？』齐宣王一听，（惭愧得）脸上都变了颜色，说：『我喜欢的并不是先代帝王遗留下来的古乐，只不过是一些世俗流行的音乐罢了。』

原文

曰：『王之好乐甚，则齐其庶几乎！今之乐，犹古之乐也。』曰：『可得闻与？』曰：『独乐乐，与人乐乐，孰乐？』曰：『不若与人。』曰：『与少乐乐，与众乐乐，孰乐？』曰：『不若与众。』

师旷献乐

古时君王都享受高雅音乐如阳春白雪一类，而下里巴人等俗乐则为人不齿，甚至于被看作是亡国之音。师旷是春秋时晋国的音乐大师，尤通乐理，将音乐看作是涤荡心灵、治理国家的工具。他反对君王和人民听『靡靡之音』等不祥的音乐。故而齐宣王在得知孟子知道他喜欢郑卫等俗乐之时，惭愧不已。

译文

孟子说：『大王您要是喜欢音乐到了极点，那么，齐国就治理得差不多了呢！时下流行的音乐和古代的音乐都一样嘛。』齐宣王说：『您可以把这个道理说给我听听吗？』孟子（没有正面回答齐宣王，却反问）道：『一个人独个儿享受听音乐的乐趣，和跟别人一道享受听音乐的乐趣，哪一种更令人快乐些呢？』齐宣王说：『一个人不如跟别人一道听音乐更快乐。』孟子（继续问）道：『跟少数人一道享受听音乐的乐趣和跟多数人享受听音乐的乐趣，哪一种更令人快乐些呢？』齐宣王说：『跟少数人不如跟多数人听音乐更快乐。』

原文

『臣请为王言乐。今王鼓乐于此，百姓闻王钟鼓之声，管籥①之音，举疾首蹙额而相告曰：「吾王之好鼓乐，夫何使我至于此极也？父子不相见，兄弟妻子离散！」今王田猎于此，百姓闻王车马之音，见羽旄②之美，举疾首蹙额而相告曰：「吾王之好田猎，夫何使我至于此极也？父子不相见，兄弟妻子离散！」——此无他，不与民同乐也。

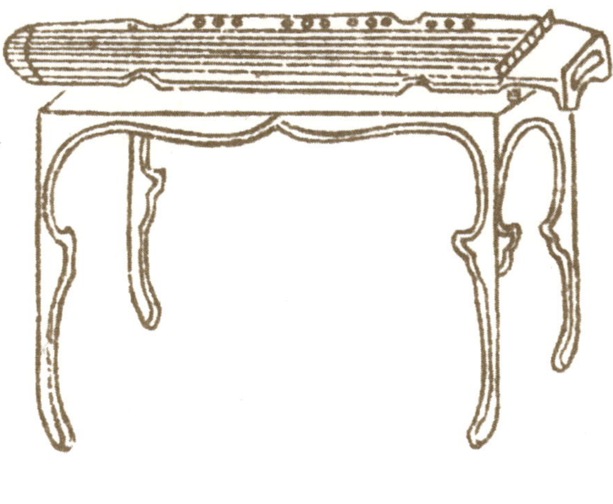

古琴

古琴是中国古老弹拨乐器之一，孔子时期就已盛行，是中国礼仪教化的重要工具。早期君王所听的平和雅正之声多由古琴弹奏出来。

『今王鼓乐于此，百姓闻王钟鼓之声，管籥之音，举欣欣然有喜色而相告曰：「吾王庶几无疾病与，何以能鼓乐也？」今王田猎于此，百姓闻王车马之音，见羽旄之美，举欣欣然有喜色而相告曰：「吾王庶几无疾病与，何以能田猎也？」——此无他，与民同乐也。今王与百姓同乐，则王矣。』

注释

①管籥：古管乐器名。籥，似笛而短小。②羽旄：鸟羽和旄牛尾。古人用作旗帜上的装饰，故可代指旗帜。

译文

孟子（紧接着）说：『请让我为您陈述一下应该怎样来享受欣赏音乐的乐趣吧。假如现在大王您在这里演奏音乐，老百姓一听到大王您钟鼓的声音和箫管吹出的曲调，大家全皱着眉头、痛苦地说：「我们大王光顾自己听音乐，怎么把我们弄到妻离子散、父母兄弟天各一方这样困苦不堪的地步呢？」现在您大王在这里打猎，老百姓听到大王您的车子和马的声音，看见装饰得怪好看的旗帜，大家全皱着眉头、痛苦地说：「我们大王光顾自己打猎开心，却怎么把我们弄到妻离子散、父母兄弟天各一方这样困苦不堪的地步呢？」这没有别的原因，只是由于不与老百姓一同娱乐的缘故。

『假如现在大王您在这里奏乐，老百姓一听到您钟鼓的声音和箫管吹出的曲调，大家都喜形于色地奔走相告道：「我们大王应该没有什么疾病吧，不然，怎么能奏乐呢？」现在大王您在这里打猎，老百姓一听到大王您车子和马的声音，看见装饰得怪好看的旗帜，大家都喜形于色地奔走相告：「我们大王应该没有什么疾病吧，不然，怎么能打猎呢？」这没有别的原因，只是由于与老百姓一同娱乐的缘故。现在只要大王您能跟老百姓一同娱乐，就能够使人民归附于您，天下就会得到统一了。』

齐宣王问曰：『文王之囿方七十里，有诸？』孟子对曰：『于传有之。』曰：『若是其大乎？』曰：『民犹以为小也。』曰：『寡人之囿方四十里，民犹以为大，何也？』曰：『文王之囿方七十里，刍荛者往焉，雉兔者往焉，与民同之。民以为小，不亦宜乎？臣始至于境，问国之大禁，然后敢入。臣闻郊关之内有囿方四十里，杀其麋鹿者如杀人之罪，则是方四十里为阱于国中。民以为大，不亦宜乎？』

译文

齐宣王问孟子道：『传说周文王豢养禽兽种植花木的园子有七十里见方大，有这回事吗？』孟子回答说：『在古书上是有这样的记载。』齐宣王说：『真的有这样大么？』孟子说：『老百姓还以为小了呢。』齐宣王说：『我的园子，只有四十里见方，老百姓还认为大了，这是什么原因呢？』孟子说：『周文王的园子，周围七十里见方，割饲料和打柴的人可以到那里去，打野鸡、兔子的人也可以到那里去；文王与老百姓一同享有园子的利益，老百姓认为小了，难道不是应该的吗？我初踏上您的边境，

鹿

麋鹿在中国古代是狩猎的对象，也是宗教仪式中的重要祭物。许多帝王都喜欢麋鹿，将它驯养在皇家苑囿中。

先打听一下齐国有哪些重大的禁令，然后才敢进入国境。我听说齐国首都的远郊，有一个四十里见方的园子，射杀园子里的麋鹿的，就跟犯了杀人罪一个样，这就等于在国土上，设下了个见方四十里的大陷阱来坑害老百姓，老百姓嫌它大了难道不是合情合理的吗？』

原文

齐宣王问曰：『交邻国有道乎？』孟子对曰：『有。惟仁者为能以大事小，是故汤事葛①，文王事昆夷②；惟智者为能以小事大，故太王事獯鬻③，勾践事吴④。以大事小者，乐天者也；以小事大者，畏天者也。乐天者保天下，畏天者保其国。《诗》云：「畏天之威，于时保之。」』王曰：『大哉言矣！寡人有疾，寡人好勇。』对曰：『王请无好小勇。夫抚剑疾视曰：「彼恶敢当我哉！」此匹夫之勇，敌一人者也。王请大之！』

注释

①汤事葛：汤，商汤，商朝的创建人。葛，葛伯，葛国的国君。葛国是商紧邻的小国，故城在今河南宁陵北十五里处。②文王事昆夷：文王，周文王。昆夷，也写作『混夷』，周朝初年

韩信

韩信宁受胯下之辱也不愿滥用武力，是真有大勇而不是只有鲁莽的小勇者。

的西戎国名。③太王事獯鬻：太王，周文王的祖父，即古公亶父。獯鬻又称猃狁，当时北方少数民族。④勾践：春秋时越国国君（公元前497年至前465年在位）。吴：指春秋时吴国国君夫差。

译文

齐宣王问（孟子）道：『跟邻国打交道有一定的原则和方法吗？』孟子回答说：『有。只有以仁爱为怀的君主才能做到以大国的身份去侍奉小国，所以商汤王侍奉过葛伯、周文王侍奉过昆夷。只有明智的君主才能做到以小国的身份侍奉大国，所以周的大王古公亶父侍奉过强悍的獯鬻族，越王勾践侍奉过打败了自己的吴王夫差。以大国的身份侍奉小国的，是喜爱天的美德（无往而不怡然自得）的人；以小国身份侍奉大国的，是害怕天的威严（无时不谨慎戒惧）的人。喜爱天的美德的人能够保有天下，害怕天的威严的人能够保住他们的国家。《诗·周颂》中的《我将》篇说：「敬畏上天的威严，所以便保住了这国家的权柄。」』齐宣王说：『您的话实在说得太好了啊！（可惜）我有个毛病，我喜爱勇敢，（怕是难做到您所说的）。』孟子回答道：『我恳请大王您不要喜爱小勇。有这么一个人，手按佩剑、圆睁双目说：「他怎么敢抵挡我呢！」这只是能与个把人对敌的小勇。我恳请您大王把您喜爱的勇敢扩大一点吧！」

『《诗》云：「王赫斯怒，爰整其旅，以遏徂莒[①]，以笃周祜，以对于天下。」此文王之勇也。文王一怒而安天下之民。《书》曰：「天降下民，作之君，作之师，惟曰其助上帝宠之。四方有罪无罪惟我在，天下曷敢有越厥志？」一人衡行于天下，武王耻之，此武王之勇也。而武王亦一怒而安天下之民。今王亦一怒而安天下之民，民惟恐王之不好勇也。』

注释

①莒，古国名，在今山东莒县，公元前431年被楚国消灭。

『《诗·大雅》中的《皇矣》篇说：「我们文王对密须国人的侵暴行为勃然大怒，于是整顿好军队，以阻击侵犯莒国的敌寇，以增加我周家的福泽，并回答天下对我周天子仰望的厚意。」这就是文王的大勇。文王一旦勃然大怒，便能使天下的人民得到安全。《书》里面说：「上天降生下土的人民，替他们立个君主，也替他们安排好老师，派给君主和老师们的任务只是帮助上天慈爱百姓。所以，四方的人有罪或是无罪，由我（姬发）来进行裁决。（有我在这里）天下谁敢超越他（上天）的意志起来作乱呢？」只要有一个人敢在天下横行无忌，武王便认为是自己的耻辱。这就是武王的大勇。武王也是只要一生气，便能使天下的人民得到安全。现在大王您要是也能做到一旦勃然大怒，便能使天下的人民得到安全，那人民便惟恐大王

周武王举贤贡能

周武王姬发任用姜尚为相，选贤举能，治理国家。武王伐纣，得天下后，地方上仍不安定，姜尚便建议武王任用贤能，仁义安民众。

您不喜爱勇敢哩。』

原文

齐宣王见孟子于雪宫[①]。王曰：『贤者亦有此乐乎？』

孟子对曰：『有。人不得，则非其上矣。不得而非其上者，非也；为民上而不与民同乐者，亦非也。乐民之乐者，民亦乐其乐；忧民之忧者，民亦忧其忧。乐以天下，忧以天下，然而不王者，未之有也。

『昔者齐景公[②]问于晏子曰：「吾欲观于转附、朝儛[③]，遵海而南，放于琅邪[④]，吾何修，而可以比于先王观也？」

注释

①雪宫：齐宣王的离宫（古代帝王在正宫以外临时居住的宫室，相当于当今的别墅之类）。②齐景公：春秋时代齐国国君，公元前547年至前490年在位。③转附、朝儛：均为山名。④琅邪：山名，在今山东省诸城东南。

译文

齐宣王在自己的离宫——雪宫里接见孟子。宣王说：『贤德的人也有这种享乐吗？』

孟子回答道：『有。人们得不到这种享乐，就会埋怨他们的君

游历

古人都信奉『读万卷书，行万里路』的做法，故而许多人在成年以后离家出外游历，或为求取功名，或单纯游山观水，结交贤士，增长见识。齐宣王虽贵为君王，也想出外游历，览遍人间山水风情。

主。当然，得不到这种享乐便埋怨他们的君主，这样做是不对的；作为人民的君主却不与人民一同享受这种快乐，这也是不对的。以人民的快乐为自己的快乐的人，人民也会以他的快乐为他们的快乐；以人民的忧愁为自己的忧愁的人，人民也会以他的忧愁为他们的忧愁。乐与天下人民同乐，忧与天下人民同忧，这样还不能使天下归心的事，是决不会有的。

『从前齐景公向晏婴问道：「我打算到转附和朝儛两座名山去游览一番，然后沿着海岸向南走，直达琅邪邑，我应该怎样做才能比得上古代圣王的游历呢？」

『晏子对曰：「善哉问也！天子适诸侯曰巡狩。巡狩者，巡所守也。诸侯朝于天子曰述职。述职者，述所职也。无非事者。春省耕而补不足，秋省敛而助不给。夏谚曰：「吾王不游，吾何以休？吾王不豫，吾何以助？一游一豫，为诸侯度。」今也不然：师行而粮食，饥者弗食，劳者弗息。睊睊胥谗，民乃作慝。方命虐民，饮食若流，流连荒亡，为诸侯忧。从流下而忘反谓之流，从流上而忘反谓之连，从兽无厌谓之荒，乐酒无厌谓之亡。先王无流连之乐、荒亡之行。惟君所行也。」景公说，大戒于国，出舍于郊。于是始兴发补不足。召大师[①]曰：「为我作君臣相说之乐！」盖《徵招》、《角招》[②]是也。其诗曰：「畜君何尤？」畜君者，好君也。』

注释

①大师：读为『太师』，古代的乐官。②《徵招》、《角招》：徵与角是古代五音（宫、商、角、徵、羽）中的两个。招同『韶』，乐曲名。

译文

『晏婴答道：「您这个问题问得好！天子到诸侯的国家去叫巡狩——巡狩，就是巡视诸侯所守的疆土。诸侯到天子的朝廷去朝见叫述职——述职，就是汇报诸侯自己所担负的职守的情况。（无论是天子出外巡狩，还是诸侯入朝述职，）没有不是结合着工作进行的：春天视察耕种，并借此补助农具、种子不足的农户；秋天视察收割，并借此救济劳力、口粮不足的农户。夏朝时的俗谚说：「我们大王不出游，我怎能获得休息？我们大王不闲逛，我从哪里获得救助？我们大王出游或闲逛，全都可为诸侯学习的法度。现在情况就不同了，天子一出来巡游，一大伙人员要为他奔忙，一大批粮食要被他消耗，以至闹到饥饿的人们吃不上饭，劳苦的人们得不到休息。群众侧目而视，怨声载道，都要起来反抗了。这样放弃先王的教导，虐待老百姓，豪饮暴食，像流水般地没个穷尽。这种流连荒亡的行为，不能不使诸侯们为之深深担忧。（什么叫流连荒亡呢？）从上流放舟而下游乐而忘返叫做流，从下流挽舟而上游乐而忘返叫做连，打猎没有个厌倦叫做荒，酗酒没有个节制叫做亡。古代的圣王不搞这种流连忘返的游乐、荒亡无节制的行为。（到底该怎么办，）就由、您大王自己选择了。」景公听了很高兴，在首都作好充分的准备，然后自己到郊外去住下，于是开始行德政，

周穆王八骏巡游

历代天子总会不定期出外巡狩，了解民众生活、地方治理等情况。很多时候天子巡游也会惊扰民众，给地方上带来诸多麻烦。周穆王时期国力强盛，他本人又酷爱游历，常驾车出行。不过按照孟子的要求，君王出游必须要做好充分准备，不得侵扰地方百姓和官员。

打开仓库拿出粮食来赈济缺衣少食的贫苦人民。并把乐官召来说：「替我作一首君臣同乐歌吧！」大概就是《徵招》《角招》两首歌。那歌词中说，「制止君主的物欲又有什么过错呢？」——制止君主的物欲，正是爱护君主呢。」

原文

齐宣王问曰：「人皆谓我毁明堂①，毁诸？已乎？」

孟子对曰：「夫明堂者，王者之堂也。王欲行王政，则勿毁之矣。」

王曰：「王政可得闻与？」

对曰：「昔者文王之治岐也，耕者九一②，仕者世禄，关市讥而不征，泽梁无禁，罪人不孥。老而无妻曰鳏，老而无夫曰寡，老而无子曰独，幼而无父曰孤：此四者，天下之穷民而无告者。文王发政施仁，必先斯四者。《诗》云：『哿矣富人，哀此茕独！』」

王曰：「善哉言乎！」

曰：「王如善之，则何为不行？」

注释

①明堂：为天子接见诸侯而设的建筑。这里是指泰山明堂，是周天子东巡时设，至汉代还有遗址。②耕者九一：指井田制。

举粥供民

仁义是为政之道，中国历来注重仁义，主张体恤民众。若遇灾年，官府或者有恻隐之心的人会设置粥棚，供给饥民。或者有些鳏寡孤独没有依靠的人，国家也会特别给予照顾。

把耕地划成井字形，每井九百亩，周围八家各一百亩，属私田，中间一百亩属公田，由八家共同耕种，收入归公家，所以叫九一税制。

译文

齐宣王问（孟子）道：『人们都劝我拆掉明堂，是拆掉呢，还是不拆？』

孟子答道：『明堂是先代君王朝见诸侯、发布政令的殿堂。大王您要想实行王政，就不要拆掉了。』

齐宣王说：『实行王政的道理和作法您可以说给我听听吗？』

孟子回答说：『当年文王做西伯治理岐周的时候，对耕田的人只抽九分之一的税，大夫以上的朝官俸禄可以子孙世代承袭，关卡和市场仅稽查语言装束不同一般的人，并不征税。池沼鱼梁所在的地方不悬挂捕鱼的禁令，对犯罪的人施加刑罚只限于他本人，不连累他的妻子和儿女。年老独身或是死去妻室的男人叫鳏夫，年老死了丈夫的妇女叫寡妇，年迈膝下没儿没女的人叫孤老，年龄小便失去父亲的孩子叫孤儿。这四种人，是世间最无依无靠的穷苦人民。文王发布政令施行仁政时，一定把这四种人作为优先抚恤的对象。

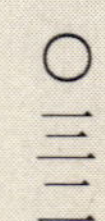

《诗·小雅·正月》里说：「过得称心如意的要数富人，最可哀怜的还是这些孤独者！」

齐宣王说：「您说得真好啊！」

孟子说：「您大王如果认为王政好，那么，您为什么不实行呢？」

原文

王曰：「寡人有疾，寡人好货。」

对曰：「昔者公刘①好货。《诗》云：『乃积乃仓，乃裹帿粮，于橐于囊，思戢用光；弓矢斯张，干戈戚扬②，爰方启行。』故居者有积仓，行者有裹囊也，然后可以爰方启行。王如好货，与百姓同之，于王何有？」

王曰：「寡人有疾，寡人好色。」

对曰：「昔者大王好色，爱厥妃。《诗》云：『古公亶父③，来朝走马，率西水浒，至于岐下；爰及姜女④，聿来胥宇。』当是时也，内无怨女，外无旷夫。王如好色，与百姓同之，于王何有？」

注释

①公刘：人名，后稷的后代，周朝的创业始祖。②干戈戚扬：四种兵器。③古公亶父：即周文王的祖父周太王。④姜女：太王的妃子，也称太姜。

译文

齐宣王说：「我有个缺点，我喜爱财物。」

孟子回答道：「（这不要紧，）从前周朝王业的创始人公刘也贪图财物。《诗·大雅·公刘》篇说：「收拾好露国和内仓，包裹好（途中食用的）干粮，装进无底的小袋和有底的大囊。一心想安抚人民以使国

运光昌。弓儿箭儿这样大施张，还有干戈并戚扬，于是才开始迈步奔前方。」因此，必须做到不走的人仓里有积谷，走的人囊橐里面裹入了干粮，然后才可以出发。要是您大王贪图财物，与百姓一同享用，对于实行王政又有什么不可以呢。」

齐宣王又说：「我还有个缺点，就是好女色。」

孟子回答说：「（这也不要紧，）从前周朝王业的奠基人之一的大王（古公亶父）也好女色，宠爱他的妃子太姜。《诗·大雅·绵》里说：「古公亶父为立家，一大清早跨骏马，沿着西方水边走，一直来到岐山下，同来还有姜氏女，一心要把房基察。」在这个时候，真正做到了国内没有因为找不到丈夫或丈夫长期在外而埋怨的女子，国外没有娶不到妻子或妻子长期分居的光棍。大王您要是好女色，也能注意广泛满足老百姓在这方面的需要，对于实行王政又有什么不行呢？」

原文

孟子谓齐宣王曰：『王之臣，有托其妻子于其友，而之楚游者，比其反也，则冻馁其妻子，则如之何？』王曰：『弃之。』曰：『士师不能治士，则如之何？』王曰：『已之。』曰：『四境之内不治，则如之何？』王顾左右而言他。

译文

孟子对齐宣王说：『您的臣子中，有个把妻室儿女托付给他的朋友照看而自己到楚国去游学的人，等到他回来时，如果他的妻子儿女受冻挨饿，那么，应该怎样对待（他那个朋友）呢？』齐宣王说：『和他断绝交情。』孟子（进一步）问道：『监狱官假如不能管理他下面的属官，那该怎么办呢？』齐宣王说：『罢免他。』孟子（再进一步）问道：『一个国家假如没有治理好，那又该怎么办呢？』齐宣王（无话可说），只好回过头去望着左右臣下谈别的问题。

原文

孟子见齐宣王，曰：『所谓故国者，非谓有乔木之谓也，有世臣之谓也。王无亲臣矣，昔者所进，今日不知其亡也。』

王曰：『吾何以识其不才而舍之？』

曰：『国君进贤，如不得已，将使卑逾尊，疏逾戚，可不慎与？左右皆曰贤，未可也；诸大夫皆曰贤，未可也；国人皆曰贤，然后察之。见贤焉，然后用之。左右皆曰不可，勿听；诸大夫皆曰不可，勿听；国人皆曰不可，然后察之。见不可焉，然后去之。左右皆曰可杀，勿听；诸大夫皆曰可杀，勿听；国人皆曰可杀，然后察之。见可杀焉，然后杀之。故曰，国人杀之也。如此，然后可以为民父母。』

译文

孟子谒见齐宣王时说：『我们平常所说的历史悠久的国家，不是说它有年代久远的高大树木的意思，而是说有历代有功业旧臣、与国家同休戚共命运的贤臣的意思。大王您现在没有亲信的臣子了，过去您所任用的人，到今天不知不觉地都丢掉了职位。』

齐宣王说：『（可是）我怎么样才能识别他无用而舍弃他呢？』

孟子说：『国君选用贤才，如果万不得已要选拔新秀，那就将有可能使地位低下的人超过地位高的人，关系疏的人超过关系密的人，这样的事能不慎重对待吗？（因此，国君用人时）左右的人都说这个人贤能，

武王伐纣

商纣王荒淫无道，杀害忠臣，国中民不聊生，沸反盈天。周武王为了天下百姓，起兵讨商，杀掉纣王，为民除害，这是正义之举，并不是弑君的做法。

不足凭信；朝里的官员们都说他贤能，还是不足凭信；全国的人都说他贤能，然后对他进行调查了解。发现他确是贤能，再行起用他。左右的人都说这个人不行，先别听；朝里的官员们都说他不行，也别听；全国的人都说他不行，然后对他进行调查了解。发现他确是不行，再抛开他。左右的人都说这个人有可杀之罪，先别听；朝里的官员们都说他有可杀之罪，也别听；全国的人都说他有可杀之罪，然后对他进行调查了解。发现他确是有可杀之罪，然后杀掉他。所以说他是全国人都想杀掉的人。能够做到这样，才可以真正做人民的父母。」

原文

齐宣王问曰：『汤放桀①，武王伐纣②，有诸？』孟子对曰：『于传有之。』曰：『臣弑其君，可乎？』曰：『贼仁者谓之「贼」，贼义者谓之「残」。残贼之人谓之「一夫」。闻诛一夫纣矣，未闻弑君也。』

注释

①汤放桀：桀，夏朝最后一个君主，暴虐无道。传说商汤灭夏后，把桀流放到南巢。②武王伐纣：纣，商朝最后一个君主，昏乱残暴。周武王起兵讨伐，灭掉商朝，纣自焚而死。

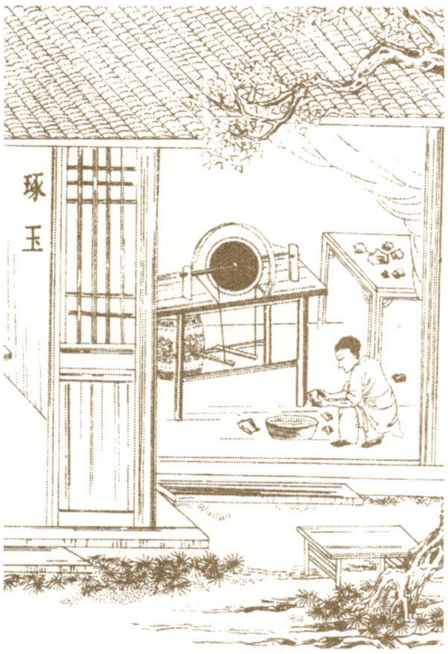

琢玉

玉本出于石，如要求得美玉，需先琢磨切磋。玉石琢磨是中国自古已有的工艺劳作，后世常用琢磨来喻其他，如为学治国等。

译文

齐宣王问（孟子）道：『商汤王流放夏桀王，周武王攻打商纣王，有这个事吗？』孟子回答说：『在古代的史书上是载有这个事的。』齐宣王说：『为臣的人杀掉他的君主可以吗？』孟子答道：『损害仁爱、暴虐无道的人叫做「贼」，损害正义、颠倒是非的人叫做「残」，残贼的人，叫做「独夫」，我只听说（周武王）杀了个「独夫」纣王，没有听说过他杀了君主。』

原文

孟子谓齐宣王曰：『为巨室，则必使工师①求大木。工师得大木，则王喜，以为能胜其任也。匠人斫而小之，则王怒，以为不胜其任矣。夫人幼而学之，壮而欲行之，王曰「姑舍女所学而从我」，则何如？今有璞玉于此，虽万镒，必使玉人雕琢之。至于治国家，则曰「姑舍女所学而从我」，则何以异于教玉人雕琢玉哉？』

注释

①工师：管理各种工匠的官员。

译文

孟子谒见齐宣王时说：『您要建造大宫室，就一定要打发主管百工的官吏去寻求大木料。如果他找到了大木料，大王您就高兴，认为他能称职。一旦工匠把木料砍小了，大王您便要发怒，认为他不称职。一个人从小学习先王治天下的方术，希望长大成人后能够拿去实行，如果大王您说「暂且抛开你所学的东西，听从我的话去做」，那又怎么样呢？现在这里有块没有经过雕琢的璞玉，虽然价值很昂贵，也一定要请玉匠雕琢加工。至于治理国家，却说：「暂且丢下你所学的那一套照我说的办吧！」那跟要玉匠按照您的吩咐去雕刻玉石又有什么区别呢？』

原文

齐人伐燕①，胜之。宣王问曰：『或谓寡人勿取，或谓寡人取之。以万乘之国伐万乘之国，五旬而举之②，人力不至于此，不取，必有天殃。取之，何如？』

孟子对曰：『取之而燕民悦，则取之。古之人有行之者，武王是也。取之而燕民不悦，则勿取。古之人有行之者，文王是也。以万乘之国伐万乘之国，箪食壶浆以迎王师，岂有他哉？避水火也。如水益深，如火益热，亦运而已矣。』

注释

①齐人伐燕：公元前315年（齐宣王五年），燕王哙将燕国让给他的相国子之，国人不服气，将军市被和太子平进攻子之，子之反攻，杀死了市被和太子平，国内一片混乱。齐宣王趁机进攻燕国，很快就取得了胜利。②五旬而举之：据《战国策·燕策》记载，当齐国的军队攻打燕国时，燕国『士卒不战，城门不闭』，因此齐国军队五十天就攻进了燕国的首都，杀死了燕王哙和子之。

商汤解纲施仁

夏王桀暴虐无道，汤兴兵讨伐，将桀流放到南巢。建朝后，商汤施行仁政，爱抚百姓，天下人都十分爱戴尊敬他。

译文

齐国人进攻燕国，战胜了它。齐宣王问孟子道：『有的人叫我不要吞并它，有的人却劝我吞并它。若一个有万辆兵车的大国去攻打另一个万辆兵车的大国，只五十天便攻下了它，（如果不是天意，）人力是做不到这样的。看来，不吞并它，一定会天灾降临。您觉得吞并它会有什么结果呢？』

孟子回答说：『如果吞并它，燕国的人民高兴，就吞并它。古代的周武王便是这样做的。要是吞并它，燕国的人民不高兴，就不要吞并它。古代的周文王便是这样做的。一个有万辆兵车的大国去攻打另一个有万辆兵车的大国，老百姓携着饭筐和酒壶来迎接您大王的军队，难道有别的用意吗？只是想避免再过那种水深火热生活啊。如果燕国被吞并后，老百姓蒙受的灾难更加深重，那他们也就只好躲避到别的地方了。』

原文

齐人伐燕，取之。诸侯将谋救燕。宣王曰：『诸侯多谋伐寡人者，何以待之？』

孟子对曰：『臣闻七十里为政于天下者，汤是也，未闻以千里

畏人者也。《书》曰：「汤一征，自葛始。」天下信之。东面而征，西夷怨；南面而征，北狄怨，曰：「奚为后我？」民望之，若大旱之望云霓也。归市者不止，耕者不变，诛其君而吊其民，若时雨降，民大悦。《书》曰：「徯我后，后来其苏。」

齐国人攻打燕国，占领了它。一些别的诸侯准备商讨援救燕国。齐宣王（问孟子）说：『诸侯们打算来攻打我，该用什么办法去对付他们呢？』

孟子回答道：『我只听说以区区七十里地统一天下的，汤便是。没有听说（像您齐王那样）拥有国土千里的人反而会畏惧人的。《书》中说：「商汤王当初出征时，是从讨伐葛伯开始的。」天下的人对他非常信赖，当他东向出兵的时候，居住在西面的夷人就埋怨他；当他南向出兵的时候，居住在北面的狄人也埋怨他，他们都说：「为什么把我们摆在后面呢？」老百姓盼望他，就像大旱年岁盼望天空出现预示天将降雨的虹霓一样。（他的军队所到之处，）做生意的不停止营业，种田的照常下田劳动，仅仅诛杀残害人民的暴君，对老百姓却能安抚慰问，使他们感到汤的到来，有如旱天及时降落的雨水。老百姓心里十分高兴。《书》里面说：「盼望我们的君主啊，君主一到，我们就可以生存下去了哪！」』

原文

『今燕虐其民，王往而征之，民以为将拯己于水火之中也，箪食壶浆以迎王师。若杀其兄父，系累其子弟，毁其宗庙①，迁其重器②，如之何其可也？天下固畏齐之强也，今又倍地而不行仁政，是动天下之兵也。王速出令，反其旄倪③，止其重器，谋于燕众，置君而后去之，则犹可及止也。』

注释

①毁其宗庙：宗庙，天子、诸侯祭祀祖先的地方。国家保存，宗庙就得以保存。故『毁其宗庙』意味着灭其国家。②迁其重器：重器，古代君王所铸造的作为传国宝器的鼎之类。迁其重器，意味着灭亡其国家。③旄倪：旄，通『耄』，八九十岁的人叫做耄，这里通指老年人。倪，指小孩子。

译文

『现在燕王虐待他的老百姓，大王您发兵去讨伐他，老百姓以为您将要把他们从水深火热中拯救出来，所以纷纷提着饭筐和酒壶来欢迎犒劳大王您的军队。如果您杀死他们的父兄，俘虏他们的子弟，拆毁他们的祖庙宗祠，抢走他们的传国宝器，那怎么行呢？天下的诸侯们本来就害怕齐国的强大，现在您土地又扩大了一倍却不行仁政，这就必然要挑动天下的军队（一齐来对付您）了。大王您现在要赶快发布命令，把俘虏的老人和小孩送回去，停止运走燕国的宝器，跟燕国的大众共同商议，拥立新的燕王，然后撤出军队，那就还来得及阻止各国的兴兵呢。』

原文

邹与鲁鬨。穆公问曰：『吾有司死者三十三人，而民莫之死也。诛之，则不可胜诛；不诛，则疾视其长上之死而不救。如之何则可也？』

孟子对曰：『凶年饥岁，君之民，老弱转乎沟壑、壮者散而之四方者，几千人矣；而君之仓廪实，府库充。有司莫以告，是上慢而残下也。曾子曰：「戒之戒之！出乎尔者，反乎尔者也。」夫民今而后得反之也。君无尤焉。君行仁政，斯民亲其上，死其长矣。』

译文

邹国跟鲁国打仗。邹穆公问孟子道：『（在这次战争中）被打死的官吏达三十三人之多，可是，老百姓却没有一个为他们而死的。要是杀掉这些人吧，杀也杀不尽；要是不杀吧，那他们就还是会仇视他们的长官，任官吏被打死而不加援救，您看要怎么办才好呢？』

孟子回答说：『在灾荒的年岁里，您的老百姓年老体弱的大批大批地死亡，连埋葬都成问题，只好把遗骸辗转抛弃到山沟里去的，和壮年人四出逃荒的，快将近千人了；而大王您粮仓饱满，国库充足。管钱粮的官员们也不把这种严重的情况汇报给您，他们简直是高高在上，不仅不关心人民的疾苦，而且还残害人民。曾子说过：「要警惕啊！要警惕啊！你怎样对待人家，人家便会怎样对待你。」（过去邹国的官吏是那样残酷无情地对待老百姓，）从今以后老百姓只要一有机会，就会用同样的手段来回敬那些官吏了。您别责怪他们。只要大王您真个施行德政，那么，老百姓便会敬爱君主和长官，并愿意为他们献出自己的生命了。』

原文

滕文公[1]问曰：『滕，小国也，间于齐楚，事齐乎？事楚乎？』

孟子对曰：『是谋，非吾所能及也；无已，则有一焉：凿斯池也，筑斯城也，与民守之，效死而民弗去，则是可为也。』

注释

①滕文公：滕国国君。滕国，古国名，西周分封的诸侯国，姬姓，开国国君是周文王的儿子错叔绣。

文帝露台惜费

汉文帝当政之时，广施仁义，教民耕种。此后汉景帝也继承文帝做法，休养生息。到汉武帝时，国力强盛，才有实力去征伐边疆。

在今山东滕县西南。公元前414年被越国灭，不久复国，又被宋国消灭。

译文

滕文公问孟子道：『滕国是个弱小的国家，处于齐、楚二大国之间。侍奉齐国好呢，还是侍奉楚国好？』

孟子答道：『决定这样重大的国策，不是我的力量所能办到的。如果万不得已要我谈，那就只有这么一个办法：加深这条护城河，加固这座城墙，与老百姓一条心，共同捍卫它，老百姓哪怕献出生命也不愿离开它，这样就还是有办法的。』

原文

滕文公问曰：『齐人将筑薛[1]，吾甚恐，如之何则可？』

孟子对曰：『昔者大王居邠，狄人侵之，去之岐山之下居焉。非择而取之，不得已也。苟为善，后世子孙必有王者矣。君子创业垂统，为可继也。若夫成功，则天也。君如彼何哉？强为善而已矣。』

注释

①薛：国名，其地在今山东滕县东南，战国初期为齐所灭，后成为齐权臣田婴、田文的封邑。

译文

滕文公问孟子道：『齐国人正打算加固薛城（以威胁滕国），我感到很害怕，您看怎么办才好？』

孟子回答说：『从前周的祖先大王居住在邠地，狄人去侵犯他，他便迁离了邠地到岐山下定居。他并不是选择好那块地方才拿来作为自己定居之所，实在是（由于强敌的威逼）不得已而为之啊。如果一个国君肯行善，（他本身也许来不及直接受到好处，）可他后世的子孙一定会有创立王业的。品德高尚、眼光远大的君子创立事业，并传给后代，正是为了可以流芳百世。至于成功与否，那就要看天意如何了。现在您又能拿它强大的齐国怎么样呢？那也只好勉强行善政（尽其在我）罢了。』

滕文公问曰：『滕，小国也，竭力以事大国，则不得免焉，如之何则可？』

孟子对曰：『昔者大王居邠，狄人侵之。事之以皮币，不得免焉；事之以犬马，不得免焉；事之以珠玉，不得免焉。乃属其耆老而告之曰：「狄人之所欲者，吾土地也。吾闻之也：君子不以其所以养人者害人。二三子何患乎无君？我将去之。」去邠，逾梁山，邑于岐山之下居焉。邠人曰：「仁人也，不可失也。」从之者如归市。

『或曰：「世守也，非身之所能为也。效死勿去。」

『君请择于斯二者。』

滕文公问孟子道：『滕国是个小国，即使尽自己的力量去侍奉周围的大国，也还是逃不了被大国侵犯，

请问要怎么办才行呢？』

孟子答道：『从前古公亶父居住在邠地，狄人来侵扰它。古公拿皮袄丝绢去侍奉他们，他们不肯放过他；拿猎犬好马去侍奉他们，还是不肯放过他；拿珠玉珍宝去侍奉他们，他们仍然不肯放过他。于是只得召集国里的父老们告诉他们说：「狄人所索求的，无非是我的土地。我听前辈人说过：一个有道德的人决不愿拿他用来养活老百姓的东西去害老百姓。诸位又何必担心没有君主呢？我打算离开这里了。」所以离开了邠地，越过梁山，在岐山下面筑城定居下来。邠地的老百姓说：「（古公亶父）真是个以仁爱为怀的人呀，我们万万不可以失去这样的好君主啊。」那些自愿随他的人就像赶集市一样众多而又踊跃。

『但也有的人说：「国土是祖先传下来应该由子孙世代保守住的基业，不是可以由我个人擅自作出处理的。就算牺牲生命也不能放弃它。」

『请您大王在上述二者中任择其一吧。』

鲁平公①将出，嬖人臧仓者请曰：『他日君出，则必命有司所之。今乘舆已驾矣，有司未知所之，敢请。』公曰：『将见孟子。』曰：『何哉，君所为轻身以先于匹夫者？以为贤乎？礼义由贤者出，而孟子之后丧逾前丧。君无见焉！』

公曰：『诺。』乐正子②入见，曰：『君奚为不见孟轲也？』曰：『或告寡人曰：「孟子之后丧逾前丧。」是以不往见也。』

孟母断机教子

孟子三岁死了父亲，靠母亲抚养成人。孟母教子十分严格，为了给孩子提供良好的教育环境，曾三次迁居。后来有一次孟子逃学回家，孟母问他学习的目的，他说是为了自己。孟母非常气愤，用剪刀剪断布匹，说，你荒废学业，就像我剪断这将要织成的布匹一样。

注释

①鲁平公：战国时鲁国国君姬叔，前316年至前297年在位。

②乐正子：即乐正克，孟子弟子，当时在鲁国做官。

译文

鲁平公正打算出门，他那个名叫臧仓的宠臣请示道：『以前大王您将要外出，就一定要把您所去的地方告知管事的臣下。现在您的车都已经套好了马，可管事的臣下还不知道您所要去的地方，我斗胆向您请示一下。』

平公说：『我将要去见孟子。』

臧仓说：『您为着什么要降低身份先去拜访一个普普通通的人呢？您认为孟子贤德吗？可贤德的人是应该执行礼义的，而孟子呢，他办母亲的丧事超过先前办父亲的丧事。（这是不合乎礼义的。）您就别会见他了。』

平公说：『好吧。』

（孟子的学生）乐正子进宫谒见鲁平公，说：『您为什么不会见孟轲呢？』

平公说：『有人告诉我说：「孟子办母亲的丧事超过先前办父

亲的丧事。」就为了这个原因，我才没有去见他。』

原文

曰：『何哉，君所谓逾者？前以士，后以大夫；前以三鼎，而后以五鼎与？』曰：『否，谓棺椁衣衾之美也。』曰：『非所谓逾也，贫富不同也。』乐正子见孟子，曰：『克告于君，君为来见也。嬖人有臧仓者沮君，君是以不果来也。』曰：『行，或使之；止，或尼之。行止，非人所能也。吾之不遇鲁侯，天也。臧氏之子焉能使予不遇哉？』

译文

乐正子说：『您所说的「后丧超过前丧」，指的是什么呢？是说前面用士的礼仪葬父，后面用大夫的礼仪葬母；还是说前面用三鼎礼祭父，后面用五鼎礼祭母么？』平公说：『不是，我说的是装殓死者的棺椁衣衾的精美（后者超过前者）。』乐正子说：『这不能说是「后丧超过前丧」，而是因为前后家境贫富不一样嘛。』乐正子见了孟子，说：『我把您推荐给了鲁君，鲁君本来将要来拜访您了。可是，有个名叫臧仓的宠臣阻止鲁君，鲁君就因为这个原因没能来。』孟子说：『一个人干某件事时，无形中也许有一种力量在促使他这样做；他不干这件事时，又像是有一种力量在阻止他这样做。干这件事或不干这件事，不是人力所能决定的。我不能与鲁君相遇，是出于天命的支配。臧仓那个小子，又怎么能使我不与鲁君相遇呢？』

公孙丑章句上

公孙丑[1]问曰：『夫子当路于齐，管仲、晏子之功，可复许乎？』

孟子曰：『子诚齐人也，知管仲晏子而已矣。或问乎曾皙[2]曰：「吾子与子路孰贤？」曾皙蹴然，曰：「吾先子之所畏也。」曰：「然则吾子与管仲孰贤？」曾皙艴然不悦，曰：「尔何曾比予于管仲？管仲得君，如彼其专也；行乎国政，如彼其久也；功烈，如彼其卑也。尔何曾比予于是！」』曰：『管仲，曾皙之所不为也，而子为我愿之乎？』

曰：『管仲以其君霸，晏子以其君显。管仲、晏子，犹不足为与？』

曰：『以齐王，由反手也。』

注释

①公孙丑：姓公孙，名丑，孟子弟子，齐国人。②曾皙：名曾申，字子皙，鲁国人，曾参之子。

译文

公孙丑问孟子说：『先生您要是在齐国掌了权，渴望重建管仲、晏婴那样的功业么？』

孟子答道：『你到底是个齐国人，仅仅知道管仲、晏婴罢了。曾经有个人问曾皙道：「我的先生啊，您跟子路相比，哪个更强些呢？」曾皙肃然起敬地回答说：「(子路是)我先祖父所尊敬的人啊。」那个人又继续问道：「那么，您跟管仲相比，哪个又更强些呢？」曾皙生气之色溢于言表，说：「你怎么竟拿管仲来和我相比呢？管仲得到他的君主的信任是那样的专一，行使国家政权的时间又是那样的长，可是，成

就的功业却是那样的微不足道，你怎么拿他来和我相比呢！」』孟子（稍微停顿了一下）又接下去说：『管仲那样的人，连曾皙都不愿意和他相比，你说我愿意学他的样吗？』

公孙丑说：『管仲辅佐齐桓公建立了霸主之业，晏婴辅佐齐景公，使他名扬天下。难道管仲、晏婴这样的人都不值得您效法吗？』

孟子：『拿齐国这样有条件的大国去实行王政，统一天下，那就像把手掌翻个转一样容易。』

原文

曰：『若是，则弟子之惑滋甚。且以文王之德，百年而后崩①，犹未洽于天下；武王、周公②继之，然后大行。今言王若易然，则文王不足法与？』

曰：『文王何可当也！由汤至于武丁③，贤圣之君六七作，天下归殷久矣，久则难变也。武丁朝诸侯，有天下，犹运之掌也。纣之去武丁未久也，其故家遗俗、流风善政，犹有存者；又有微子④、微仲⑤、王子比干⑥、箕子⑦、胶鬲⑧——皆贤人也——相与辅相之，故久而后失之也。尺地，莫非其有也；一民，莫非其臣也。然而文王犹方百里起，是以难也。

注释

①百年而后崩：相传周文王活了九十七岁。百年是泛指寿命很长。②周公：姓姬，名旦，周武王之弟，因采邑在周（今陕西岐山北），称为周公。曾辅佐武王伐纣灭商，统一天下；后又辅佐成王，巩固了周初的统治，是鲁国的始祖。③武丁：商代帝王，后被称为高宗。④微子：商纣王的庶兄，名启。⑤微仲：微启的弟弟。⑥王子比干：纣王叔父，因多次劝谏，被纣王剖心而死。⑦箕子：纣王叔父。⑧胶鬲：纣王之臣。

译文

公孙丑说：『像您这样说，那学生我的疑惑就更大了。连文王这样德高望重的人，又活了近百岁才死，都还没有使天下融洽；武王周公继承遗志努力了很久，然后才使王政大行，教化广被。现在您把实行王政，统一天下说得那么容易，难道文王还不够作榜样吗？』

孟子说：『我们怎么可以跟文王相比呢？（在商代）从汤王到武丁，这中间有六七个圣贤的君主兴起，天下的人归向殷商已经很久了，时间久了，要变动就难了。武丁朝见诸侯，统一天下，就像把一样东西放在手心里转动一样容易。商纣虽然不好，但是他离武丁没多久，那些有旧勋的世家、上代流传下来的良好习俗、君主的好作风好政教，当时还是存在着；又有微子、微仲、王子比干、箕子和胶鬲这些贤良的人，一同来辅佐他（商纣），所以过了很久才失掉天下。那时没有一尺土地不是殷朝的土地，没有一个老百姓不是殷朝的臣民，可文王那时刚从见方百里的地方起事，因此这时要夺取天下就比较难了。

原文

『齐人有言曰：「虽有智慧，不如乘势；虽有镃基[①]，不如待时。」今时则易然也：夏后殷周之盛，地未有过千里也，而齐有其地矣；鸡鸣狗吠相闻，而达乎四境，而齐有其民矣；地不改辟矣，民不改聚矣，行仁政而王，莫之能御也。且王者之不作，未有疏于此时者也；民之憔悴于虐政，未有甚于此时者也。饥者易为食，渴者易为饮。孔子曰：「德之流行，速于置邮[②]而传命。」当今之时，万乘之国行仁政，民之悦之，犹解倒悬也。故事半古之人，功必倍之，惟此时为然。』

周文王仁义泽及枯骨

文王仁德宽厚，一次在郊野见到散落的白骨，忙命左右取土掩埋。左右不以为然，文王说自己是国君，境内的枯骨自然由自己负责。

注释

①镃基：农具，类似今天的锄头。②置邮：驿站。

译文

齐国人有句俗话说：「纵然有才智，不如顺应形势；纵然有大锄，不如等待农时。」现在就是容易行王政统一天下的大好时机：夏、商、周三代最盛的时期，政令所直接达到的区域从没有超过见方千里的，而齐国却有了它们那么宽广的辖地了；（三代极盛时期，人烟稠密，）鸡犬鸣叫的声音，从首都一直到四方国境，互相可以听到，而齐国也有了那么多的人民了；（在齐国目前这样的条件下，）土地不必再改变扩张了，人民也不必再变动增多了，如果推行仁政以统一天下，那是没有谁能抵挡得住的。况且统一天下的贤圣之君的期盼，没有比现在更久的了；老百姓对暴政迫害的担心，没有比现在更厉害的了。一个饥饿的人对食物是不加挑剔的，一个口渴的人对饮料也是很少选择的。孔夫子说过：「仁政的推行，比驿站邮亭传递上级的政令还要迅速。」现在这个时候，如果一个万乘大国出来实行德政，那老百姓心里的高兴，就会跟一个倒挂着的人被解救下来差不多。因此只要做古人一半多的事，就可以获得比古人多一倍的成功，这也只有现在这个时候才做得到。』

原文

公孙丑问曰：『夫子加齐之卿相，得行道焉，虽由此霸王，不异矣。如此，则动心否乎？』

孟子曰：『否。我四十不动心。』

曰：『若是，则夫子过孟贲[1]远矣。』

曰：『是不难，告子[2]先我不动心。』

曰：『不动心有道乎？』

注释

①孟贲：古代著名勇士。②告子：战国时人，名不详。

译文

公孙丑问道：『老师您要是官居齐国卿相的高位，能有机会实现您的抱负，那怕从此成就帝王的大业，也不足为怪了。在这种情况下，那么，您会不会感到害怕怀疑以至动心呢？』

孟子说：『不。我四十岁时就已做到不动心了。』

公孙丑说：『照这样说来，那老师您远远地超过孟贲了。』

孟子说：『做到这个并不难，告子的不动心便比我还要早。』

公孙丑又问：『做到不动心有诀窍吗？』

原文

曰：『有。北宫黝①之养勇也：不肤挠，不目逃，思以一豪挫于人，若挞之于市朝；不受于褐宽博，亦不受于万乘之君；视刺万乘之君，若刺褐夫；无严诸侯，恶声至，必反之。孟施舍②之所养勇也，曰：「视不胜，犹胜也；量敌而后进，虑胜而后会，是畏三军者也。舍岂能为必胜哉？能无惧而已矣。」孟施舍似曾子，北宫黝似子夏③。夫二子之勇，未知其孰贤，然而孟施舍守约也。昔者曾子谓子襄④曰：「子好勇乎？吾尝闻大勇于夫子矣：自反而不缩，虽褐宽博，吾不惴焉；自反而缩，虽千万人，吾往矣。」孟施舍之守气，又不如曾子之守约也。』

注释

①北宫黝：姓北宫，名黝，齐国人，事迹不详。②孟施舍：姓孟，名施舍；一说姓孟施，名舍。事迹不详。③子夏：姓卜，名商，字子夏，孔子弟子。④子襄：曾参弟子。

译文

孟子说：『有。北宫黝培养勇气的方法是：人家刺他的皮肤他一动也不动，刺他的眼睛他一眨也不眨，人家动了他一根毫毛，他便把它看做是像在大街上被人鞭打一顿一样的奇耻大辱。他不愿受普通平民的折辱，也不愿受大国君主的折辱。在他看来，刺杀大国的君主，就像刺杀一般平民一样；在他心目中，没有什么国君值得他敬畏，谁骂了他一句，他就一定要回敬一句。另一个叫孟施舍的，他培养勇气的方法又不同于北宫黝，他说：「我对待不能战胜的敌人和对待能够战胜的敌人没有两样。估计敌人势力的强弱然后进兵，考虑有必胜的把握然后与敌人会战，这种人是被军队的数量所吓倒的人，不是真正的勇士。我孟施舍难道能够稳操胜

荆轲入秦行刺

真正有勇气的人，在危急的情况下也能面不改色。就像荆轲，秦朝见始皇时，丝毫不动容。反而是跟随他去的号称勇士的秦舞阳，吓得大汗淋漓，站立不稳。

算吗？我只是能够无所畏惧罢了。」孟施舍的培养勇气的方法有点像曾子，北宫黝却有点像子夏。两个人的培养勇气的方法到底谁比谁强，我也说不准。可是，我认为孟施舍能够抓住培养勇气的要领（即一往无前，无所畏惧）。从前，曾子对他的学生子襄说：「你爱好勇敢吗？我曾经从老师孔子那里听到过关于什么是大勇的论述：自己反躬自问，自己不在理上，哪怕对方是个普通平民，我也不能让人家害怕我；我自己反躬自问，正义在我这一边，那怕面对千军万马，我也将勇往直前哩。」孟施舍虽说有点像曾子，但他所守的是无所畏惧的勇气，到赶不上曾子守着一切都要占个理这一更为重大的要领。』

原文

曰：『敢问夫子之不动心与告子之不动心，可得闻与？』

『告子曰：「不得于言，勿求于心；不得于心，勿求于气。」不得于心，勿求于气，可；不得于言，勿求于心，不可。夫志，气之帅也；气，体之充也。夫志至焉，气次焉。故曰：「持其志，无暴其气。」』

『既曰「志至焉，气次焉」，又曰「持其志，无暴其气」者，何也？』

译文

公孙丑说：『我斗胆问一声，老师您不动心和告子不动心的异同，可以讲给我听听吗？』

孟子立即回答道：『告子说：「对于对方语言的意思有不明白的地方，便应当抛开他的话，不必在自己心上琢磨他的话是不是有道理；对于一件事的道理心里没有弄清楚（也就是于心还有不安），就应当抑制自己的心（思想），千万别再为这而动气。」（这便是告子能做到不动心比我早的原因。）对于一件事的道理心里未弄清楚（也就是于心还有不安），就应当抑制自己的心（思想），千万别再因此动气，这样还是勉勉强强说得过去的。如果认为对于对方语言的意思有不明白的地方，便应当抛开他的话，不必在自己心上去琢磨他的话有没有道理，那就不对了。思想意志是气的将帅，气是充满人的身体的兵卒。思想意志到了哪里，气也就随之而出现在哪里。所以说：「一个人应该谨守自己的思想意志（保持其正确，合乎义理），不要随便意气感情用事（加喜怒于人。）」』

公孙丑又问道：『您既然说「思想意志到了哪里，气也就随之而出现在那里」；又说「一个人应该谨守自己的思想意志（保持其正确，合乎义理），不要随便意气感情用事，（加喜怒于人。）」这又是为什么呢？』

原文

曰：『志壹则动气，气壹则动志也，今夫蹶者趋者，是气也，而反动其心。』

『敢问夫子恶乎长？』

曰：『我知言，我善养吾浩然之气。』

『敢问何谓浩然之气？』

译文

孟子回答说：『这是因为一个人思想意志注于某一个方面，他的意气感情也会受到影响从那个方面表现出来，相反，一个人的意志感情专注于某一个方面，他的思想意志也会受到影响被牵引到那个方面来。现在我们看看那些摔倒和奔跑的人，这只是体气在支配着他们的行动，然而却反转来影响他们的思想，动荡的他们的意志。』

公孙丑紧接着问道：『我大胆地请问老师您擅长什么？』

孟子说：『我善于分析研究别人的话，而识别它们的是非得失，并探寻出形成它们是非得失的原因，我善于培养我自己的浩然之气。』

公孙丑接过话茬又问道：『我再斗胆请问一句，什么叫做浩然之气？』

原文

曰：『难言也。其为气也，至大至刚，以直养而无害，则塞于天地之间。其为气也，配义与道；无是，馁也。是集义所生者，非义袭而取之也。行有不慊于心，则馁矣。我故曰，告子未尝知义，以其外之也。必有事焉而勿正，心勿忘，勿助长也。无若宋人然：宋人有闵其苗之不长而揠之者，芒芒然归，谓其人曰：「今日病矣！予助苗长矣！」其子趋而往视之，苗则槁矣。天下之不助苗长者寡矣。以为无益而舍之者，不耘苗者也；助之长者，揠苗者也——非徒无益，而又害之。』

孟子说：『这个很难说清楚，它作为一种气，是最伟大、最刚劲的，如果用直道去培养而不伤害它的

礼教大行

中国人相信世间有浩然正气，不是一时的表现，而是在日常生活中随时随地显露出来，显露的方式多种多样，不一而足。汉朝时罗威就是这样的人。邻居家的牛经常到他田里吃秧苗，他于是每日偷偷割一些禾苗放在邻家门口，不让邻居知晓。

话，它就会充塞于天地之间，无所不在。它作为一种气，在性能上必须跟正义和道理紧密配合，不然，就要显得软弱乏力。这是由于一个人平日行事事事合于义理，日积月累，然后自然产生出来的，不是平日这样做，而只靠一时装出行为合乎义理的样子从外面获得的。只要你行为中有一件事自己心里感到欠缺时，那你马上就会变得毫无气力了。我所以说告子从来不懂得什么是义，就因为他把义看成是可以从身外获取的东西。（要培养这种浩然之气）一定要在平日有所作为时自然合乎道义，而不要故意做作，从外表上装出合于道义的样子，每时每刻都不要忘记养气的事，但也不要不按它成长的规律去帮助它成长。千万不可像宋国人那样：宋国有个担心他的禾苗长不快而把苗拔高的人，拖着疲惫不堪的身子回到家中，对家里的人说：「今天简直累死了呀！我帮助禾苗长高了呢！」他的儿子赶快跑去一看，禾苗早就干枯了。世上不帮助禾苗生长的人实在很少。认为培养工作没有好处而抛弃它的，那就等于是不除草的懒汉；那些不按照规律生硬地去帮助它生长的人，那是拔苗助长的人——不但没有好处，而且还害了它。』

原文

『何谓知言？』

曰：『诐辞知其所蔽，淫辞知其所陷，邪辞知其所离，遁辞知其所穷。生于其心，害于其政；发于其政，害于其事。圣人复起，必从吾言矣。』『宰我、子贡[①]善为说辞，冉牛、闵子、颜渊[②]善言德行。孔子兼之，曰：「我于辞命，则不能也。」然则夫子既圣矣乎？』

注释

①宰我、子贡：都是孔子弟子。宰我，姓宰，名予，字子我。子贡，姓端木，名赐，字子贡。②冉牛、闵子、颜渊：都是孔子弟子。冉牛，姓冉，名耕，字伯牛。闵子，姓闵，名损，字子骞。颜渊，姓颜，名回，字子渊。

译文

公孙丑又接上去问道：『什么叫做知言呢？』

孟子说：『听了偏颇不正的话，我便知道说话人的病根在于有所壅蔽，听了夸张的话，我便知道他的病根在于有所沉溺，听了乖戾的话，我便知道他的病根在于叛离了正道，听了躲躲闪闪的话，我便知道他的病根在于理屈词穷。这四种言辞上的病根如果是从他心里（思想上）产生出来了，便要在政治上产生危害；如果这些病根从政治设施方面体现了出来，便要妨害国家的各项具体工作。现在或将来如果能有圣人再度出现，也必然赞成我所说的这些话的。』公孙丑又问道：『宰我、子贡长于言辞，冉牛、闵子和颜渊以德行见称；孔子则兼有他们的长处，但他还是说：「我对于说话，就并不擅长。」老师您（既知言，又善养浩然之气，）不是已经成了圣人了么？』

原文

曰：『恶！是何言也？昔者子贡问于孔子曰：「夫子圣矣乎？」孔子曰：「圣则吾不能，我学而不厌，而教不倦也。」子贡曰：「学不厌，智也；教不倦，仁也。仁且智，夫子既圣矣。」夫圣，孔子不居——是何言也？』

『昔者窃闻之：子夏、子游、子张①皆有圣人之一体，冉牛、闵子、颜渊则具体而微，敢问所安。』

曰：『姑舍是。』

曰：『伯夷②、伊尹③何如？』

注释

①子游、子张：都是孔子弟子。子游，姓言，名偃，字子游。子张，姓颛孙，名师，字子张。②伯夷：商末孤竹国君的长子。起初孤竹君以次子叔齐为继承人；死后，叔齐让位给伯夷，伯夷不受，后两人都投奔到周。周武王伐纣时，伯夷兄弟两人拦马谏阻武王；周灭商后，两人隐居首阳山，不食周粟而死。③伊尹：商汤之相，曾辅汤灭夏。

伊尹

伊尹，商初重臣之一，早年以耕地为生，地位虽卑，而心忧天下。他认为唯有商汤能当天下大任，决定投奔。当时汤娶有莘氏女儿为妃，伊尹自愿作陪嫁之臣，随同到商。他背负鼎俎为汤烹炊，以烹调、五味为引子，分析天下大势与为政之道，劝汤承担灭夏大任。商汤发现此人有奇才，于是委以重任。

竹林七贤

穷则独善其身，达则兼济天下，这是中国文人的一贯做法。孔子虽然提倡积极入世，但仍会在世道不济的时候抽身而退，不会违背自己的准则和道义。竹林七贤中的嵇康、阮籍、刘伶等也感于当时社会昏暗，纵情山水，不问世事。后嵇康因抨击当权而被杀。

译文

孟子不禁惊诧地说：『哎！你这是什么话呢？从前子贡向孔子问道：「老师您已经成了圣人吗？」孔子说：「圣人，我就还不能做到，我能做到的，不过是学习不感厌倦、教诲别人不知疲劳罢了。」子贡说：「学习不厌倦，这是智的表现；教诲别人不知疲劳，这是仁的表现。具备了仁和智这两种高尚的品德，老师您已经称得上是圣人了啊。」圣人，孔子都不敢当——你这是什么话呢？』

公孙丑又问道：『从前我听说过，子夏、子游和子张，都学得了孔圣人一方面的特长，冉牛、闵子和颜渊大体上具备孔子的才德，但比不上他的博大。请问老师，您与上面这些人中哪一个更接近呢？』

孟子说：『暂且放下这些吧。』

公孙丑又问：『伯夷和伊尹怎么样呢？』

原文

曰：『不同道。非其君不事，非其民不使，治则进，乱则退，伯夷也；何事非君，何使非民，治亦进，乱亦进，伊尹也；可以仕则仕，可以止则止，可以久则久，可以速则速，孔子也。皆古圣人也，

吾未能有行焉，乃所愿，则学孔子也。』『伯夷、伊尹于孔子，若是班乎？』曰：『否。自有生民以来，未有孔子也。』曰：『然则有同与？』

孟子说：『他们处世之道并不相同。不是他认可的君主不侍奉，不是他认可的人民不役使，天下太平就进到朝廷去做官，天下不太平便退而隐居在野，这就是伯夷处世的态度。什么君主都可以侍奉，什么人民都可以役使，天下太平也做官，天下不太平也做官，这就是伊尹的处世态度。可以做官就做官，可以退居在家就退居在家，可以长干下去就长干下去，可以赶快离开就赶快离开，这就是孔子的处世态度。他们都是古代的圣人。我没能做到他们那样。至于我个人的愿望，便是要学习孔子。』公孙丑又问：『伯夷、伊尹对于孔子来说，是同等的吗？』孟子答道：『不。自有人类以来，就没出现过孔子这样伟大的人物。』公孙丑问：『那么他们有相同的地方吗？』

曰：『有。得百里之地而君之，皆能以朝诸侯，有天下；行一不义，杀一不辜，而得天下，皆不为也。是则同。』

曰：『敢问其所以异。』

曰：『宰我、子贡、有若①，智足以知圣人，汙不至阿其所好。宰我曰：「以予观于夫子，贤于尧舜远矣。」子贡曰：「见其礼而知其政，闻其乐而知其德，由百世之后，等百世之王，莫之能违也。自生民以来，未有夫子也。」有若曰：「岂惟民哉？麒麟之于走兽，凤凰之于飞鸟，泰山之于丘垤，河海之于行潦，类也。

圣人之于民，亦类也。出乎其类，拔乎其萃，自生民以来，未有盛于孔子也。』』

注释

①有若：姓有，名若，孔子弟子。

译文

孟子说：『有。如果他们得到见方百里的土地而又被人们拥立为君主，他们都能使诸侯来朝，统一天下。要他们做一件不合道理的事，杀一个无辜的人，因而得到天下，他们都不会干。这就是他们一致的地方。』

公孙丑问道：『请问他们的不同在什么地方？』

孟子说：『宰我、子贡和有若，他们的智慧足以了解孔子，即使夸张一点，也不至对所喜爱的人怀着私情，虚加赞扬。宰我说：「依我宰予对老师的看法，他比尧舜高明得多。」子贡说：「一般说来，见到一个国家的礼制，就可以了解这个国家的政治；听了人家的乐调，便可以了解这个人的道德。那怕从百世以后，用同等标准（办法）按次去评价百世列国的君主，没有一个能背离孔氏之道的。自有人类社会以来，没有出过一个像孔子这样伟大的人物。」有若

麒麟玉书

麒麟是古代传说中的仁兽、瑞兽，被称为圣兽王，认为它是神的坐骑。帝王认为麒麟是吉祥的征兆，百姓则认为麒麟可以带来丰年、福禄、长寿。

成汤

成汤，商朝的开创者，故而也被称作商汤。成汤仁义泽被天下，是后世人的典范。

说：「难道只有人民有高下之分么？麒麟对于走兽，凤凰对于飞鸟，泰山对于小土堆；河和海对于路上横流的那些无源之水，是同类；圣人对于人民，也是同类；孔子却大大地超过了他的同类，在他的那一群中冒着尖儿。自有人类社会以来，没有哪一个人能像孔子那样伟大。」』

原文

孟子曰：『以力假仁者霸，霸必有大国；以德行仁者王，王不待大。汤以七十里，文王以百里。以力服人者，非心服也，力不赡也；以德服人者，中心悦而诚服也，如七十子[①]之服孔子也。《诗》云：「自西自东，自南自北，无思不服。」此之谓也。』

注释

①七十子：孔子办学多年，传说有弟子三千，其中优秀者七十人，这里是举其整数。

译文

孟子说：『凭着自己的实力，假托仁义之名去攻打别人的，可以称霸于诸侯，这种称霸的人一定要有个实力雄厚的大国作为他的基础；凭着自己高尚的道德，推行仁政的人，可以实行王道，使天下归附于自己，实行王道就不一定要国家大、力量强，商汤王和周文王实行王道，前者凭借的是纵横七十里的地方，后者凭借的也只是见方百里的小国。倚仗势力征服别人的，别人并不是打从心里服从他，而是出于力量不足的原因。凭借德行使别人归附自己的，别人心悦诚服，完全出于自愿，就像孔子门下七十二贤人拜服孔子一样。《诗》里说：「从西到东，从南到北，无不佩服得五体投地。」说的正是这层意思。』

原文

孟子曰：『仁则荣，不仁则辱；今恶辱而居不仁，是犹恶湿而居下也。如恶之，莫如贵德而尊士，贤者在位，能者在职，国家闲暇，及是时，明其政刑，虽大国，必畏之矣。《诗》云：「迨天之未阴雨，彻彼桑土，绸缪牖户。今此下民，或敢侮予？」孔子曰：「为此诗者，其知道乎！能治其国家，谁敢侮之？」今国家闲暇，及是时，般乐怠敖，是自求祸也。祸福无不自己求之者。《诗》云：「永言配命，自求多福。」《太甲》曰：「天作孽，犹可违；自作孽，不可活。」此之谓也。』

译文

孟子说：『国君只要施行仁政，就能（国泰民安，）身享荣乐；不施行仁政，就将（国破民残，）身遭屈辱。现在既然讨厌屈辱，可是仍然安于不仁的现状（即不愿施行仁政），这就好像讨厌潮湿却甘心居住在低下的地方一样。如果讨厌它，就不如重视德行（而加强自我道德修养），尊敬贤能的人（而起用他们，）使道德高尚的贤人在位，才华出众的能人任职。国家安定了，（没有内忧外患的干扰，）趁着这个大好的时机，使政教修明，法纪森严，就算是大国，也一定要感到恐惧而来归附了。《诗》里说过：「趁着天还没下雨，剥取桑根的皮儿，把那门窗修理好。那住在下面的人们，又有谁敢来欺侮我呢？」孔子说：「作这首诗的

人，真还可算懂得治国的道理哩！一个国君能治理好他的国家，谁敢欺侮他呢？」现在国家安定，如果国君趁着这个时候，纵情游乐，懒问政事，这简直是自取祸害。一个人的祸福没有不是自家儿找来的。《诗》中曾有过这样的句子：「人们应该常常念念不忘和天命配合，为自己多寻求些幸福。」商王《大甲》说：「天降祸害，还可以逃得掉；自己造成的祸害，简直逃也没法逃脱。」就是这个意思。」

孟子曰：『尊贤使能，俊杰在位，则天下之士皆悦，而愿立于其朝矣；市，廛①而不征，法而不廛，则天下之商皆悦，而愿藏于其市矣；关，讥而不征，则天下之旅皆悦，而愿出于其路矣；耕者，助而不税②，则天下之农皆悦，而愿耕于其野矣；廛，无夫里之布③，则天下之民皆悦，而愿为之氓矣。信能行此五者，则邻国之民仰之若父母矣。率其子弟，攻其父母，自生民以来未有能济者也。如此，则无敌于天下。天敌于天下者，天吏④也，然而不王者，未之有也。』

注释

①廛：市中储藏、堆放货物的场所。②助而不税：助，指助耕公田。相传殷周时代实行一种叫『井田制』的土地制度。一里见方的土地划作『井』字形，成九块，每块百亩，其中一块作为公田，其余八块分给八家，八家同养公田。『助而不税』指『耕者九一』的井田制只帮助种公田而不再收税。③夫里之布：古代的一种税收名称，即『夫布』、『里布』，大致相当于后世的土地税、劳役税。布，古代的一种货币。④天吏：顺从上天旨意的执政者。这里的『吏』不是指小官，而指执行者。

桑林祷雨

中国是农业社会，耕种土地，栽植桑麻，是老百姓安居乐业的表征。百姓常在屋旁种植桑树，由此桑林十分常见。成汤王时期，有一次久旱不雨，汤王便到桑林里祈祷求雨。

译文

孟子说：『尊重贤士，使用能者，让才德出众的人各在其位，那么天下的士子们，都会感到衷心喜悦而愿意到那个朝廷里来做官了；在市场上，提供储藏货物的货栈而不征收货物税，遇上货物滞销，便由国家按法定价格征购，不让它们长期积压在货栈中，那么天下的商人，都会感到衷心喜悦而愿意把货物藏在那个市场上了；关卡上，仅仅稽查语言装束不同一般的人，并不征税，那么天下的旅客，都会感到衷心喜悦而愿意取道于那个国家了；耕田的人，只须帮着耕种井田制中的公田而不用再另交租税，那么天下的农民，都会感到衷心喜悦而愿意到那里去种地了；里弄的居民们，不管在什么情况下（即使无正当职业或不在屋旁种桑麻），都给豁免附加的雇役钱和地税，那么天下各国的百姓们，都会感到衷心喜悦而愿意到那里去做寄居的百姓了。要是真的能做到上面五点，那么邻国的老百姓，便会对那里的国君像对父母般的仰望爱慕了。（别国的国君如果妄图进犯这样的国家，就好像是）率领儿女们去攻打他们自己的父母，从有人类以来，从没有能够获得成功的。这样，在天下就找不到敌手了。天下无敌的人，就是上天派遣到下界来的使者。

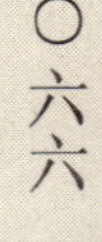

做到了这样却还不能统一天下的，那是从来没有的事。』

孟子曰：『人皆有不忍人之心。先王有不忍人之心，斯有不忍人之政矣。以不忍人之心，行不忍人之政，治天下可运之掌上。所以谓人皆有不忍人之心者，今人乍见孺子将入于井，皆有怵惕恻隐之心——非所以内交于孺子之父母也，非所以要誉于乡党朋友也，非恶其声而然也。由是观之，无恻隐之心，非人也；无羞恶之心，非人也；无辞让之心，非人也；无是非之心，非人也。恻隐之心，仁之端也；羞恶之心，义之端也；辞让之心，礼之端也；是非之心，智之端也。人之有是四端也，犹其有四体也。有是四端而自谓不能者，自贼者也；谓其君不能者，贼其君者也。凡有四端于我者，知皆扩而充之矣，若火之始然，泉之始达。苟能充之，足以保四海；苟不充之，不足以事父母。』

孟子说：『人们都有一颗怜悯的心。古代帝王由于有这种怜悯别人的心，这样才有了怜悯下面百姓的仁政。拿这种怜悯别人的好心，去施行怜悯下面百姓的仁政，治理天下就可以像把一件小东西放在手掌上翻转那么容易了，我所以说每个人都有一颗怜悯的心的缘故，譬如人们突然看见无知的小孩将要跌到井里去，都会立即产生一种惊恐、伤痛不忍的心情——这不是为了想跟这孩子的爹娘攀交情，不是为了要在邻里朋友中获得个好名声，也不是由于不喜欢孩子的啼哭声才这样做的。从这件事看起来，任何一个人，要是没有同情别人的心，就称不上是人；没有羞耻的心，也算不了人；没有礼让的心，算不了人；没有是非之心，也算不了人。同情人的心，是仁的开端；羞耻的心，是义的开端；礼让的心，是礼的开端；是非的

由基射猿

养由基是春秋时楚国大将，有名的神箭手，据说可以百步穿杨。养由基不止箭术了得，为人也十分谦逊低调。

心，是智的开端。一个人有这四端，就好像他的身体有四肢一样，（这是他本身固有的。）有这四个开端却自认无所作为的人，是自家害自家的人；说他的君主无所作为的人，是陷害他的君主的人。凡是在自己本身具有这四个开端的人，要是知道把它们都扩大开去，那就会像火刚开始点着，泉水刚开始流出，（它的前景是无可限量的。）（一个从事政治的人，）假使能够扩大这四端，就可以保护天下的人民，使他们安居乐业；假使不去扩大的话，那就连自身的爹娘也无法奉养了。』

孟子曰：『矢人岂不仁于函人哉？矢人惟恐不伤人，函人惟恐伤人。巫匠亦然。故术不可不慎也。孔子曰：「里仁为美。择不处仁，焉得智？」夫仁，天之尊爵也，人之安宅也。莫之御而不仁，是不智也。不仁、不智，无礼、无义，人役也。人役而耻为役，由弓人而耻为弓，矢人而耻为矢也。如耻之，莫如为仁。仁者如射，射者正己而后发；发而不中，不怨胜己者，反求诸己而已矣。』

译文

孟子说：『造箭的人难道比制甲的人更不仁爱吗？造箭的人惟

恐自己造的箭不能射伤人，而制甲的人却又惟恐自己制的甲不坚固让人受了伤。（他们这些截然不同的思想都是由他们各自的职业决定的。）专为人求福的巫人和专为人制棺材的匠人也是这样。所以，一个人选择职业不可不持审慎的态度。孔子说过：「里弄中有仁厚的风俗，人们便认为这个里弄好，选择住处而不知选定有仁厚风俗的里弄，这哪里能说是聪明呢？仁，可以说是天赐的最崇高的爵，是人们最安全的住宅。分明没有谁阻拦，却不仁爱，这便是人们不明智的地方，一个人不仁、不智、无礼、无义，那就只配当供人使唤的仆役。当了仆役却又以供人役使为可耻，那就像造弓的人以造弓为可耻，造箭的人以造箭为可耻一样。要是觉得可耻，就不如仁爱。仁爱的人与射箭一样：一般射箭的人都是先加强自己射箭技术的修养，端正自己射箭的姿势，然后把箭射出去，假如射不中，下去埋怨胜过自己的同行，只是从自己本身去找原因罢了。」

原文

孟子曰：『子路，人告之以有过，则喜。禹闻善言，则拜。大舜有大焉，善与人同，舍己从人，乐取于人以为善。自耕稼、陶、渔以至为帝，无非取于人者。取诸人以为善，是与人为善者也。故君子莫大乎与人为善。』

译文

孟子说：『子路这个人，一听到人家告诉他有过错，便表示高兴；夏禹王听了有益的话，便向人拜谢。大舜比他两个更伟大，他愿意跟别人一同行善，抛弃自己不对的，听从人家对的，乐意吸取别人的好处来行善，（一点也不勉强。）从他在下面种田、烧制陶（瓦）器、打鱼到被推举为领袖，他身上所表现出来的

许多优点，没有不是从别人那里虚心学习的。吸取别人的优点来行善，其实，这也是帮助、鼓励别人行善的好作风。所以君子的所作所为没有比跟别人一同行善更伟大的了。』

原文

孟子曰：『伯夷，非其君不事，非其友不友；不立于恶人之朝，不与恶人言。立于恶人之朝，与恶人言，如以朝衣朝冠坐于涂炭。推恶恶之心，思与乡人立，其冠不正，望望然去之，若将浼焉。是故诸侯虽有善其辞命而至者，不受也。不受也者，是亦不屑就已。柳下惠[1]不羞污君，不卑小官；进不隐贤，必以其道；遗佚而不怨，阨穷而不悯。故曰：「尔为尔，我为我，虽袒裼裸裎于我侧，尔焉能浼我哉？」故由由然与之偕而不自失焉，援而止之而止。援而止之而止者，是亦不屑去已。』孟子曰：『伯夷隘，柳下惠不恭。隘与不恭，君子不由也。』

注释

①柳下惠：春秋时鲁国大夫，姓展，名获，字禽；因封邑在柳下（地名），谥号『惠』，故称为柳下惠。

泰山问政

仲由字子路，孔子的得意门生，十分注意自己的道德修养，听到有人指出他的过失就十分高兴。他除学诗、礼外，还为孔子赶车，做侍卫，跟随孔子周游列国，深得器重。

译文

孟子说：『伯夷这个人嘛，不是那样的君主就不肯侍奉；不是那样的朋友就不肯结交；不在恶人的朝廷里做官，不跟恶人讲话；（在他看来，）在恶人的朝廷里做官，跟恶人讲话，就像穿着礼服、戴着礼帽坐在污泥和炭灰上，（简直叫人受不了。）把这种憎恶坏人的心思推广开去，他感到要是跟一个乡下人在一起，乡下人的帽又歪歪斜斜地戴在头上，他便要撇下乡下人不理睬，径自走开去，好像自己要被这个乡下人玷污了似的。所以当时各国的国君尽管用好言好语来聘请他去做官，他却不接受。他不接受的原因，也是由于他认为那些国君不干不净，不适合接近的缘故。柳下惠却完全两样，他不以侍奉不好的君主为羞耻，也不嫌弃做个官，进到朝廷并不隐瞒自己的才干，但一定要根据原则；不被上面任用也毫无怨言，处境极端困难也并不感到忧伤。所以他说：「你是你，我是我，哪怕你在我旁边赤身露体，无礼到了极点，你又怎么能玷污我呢？」因此他怡然自得地与他们这些人在一起，却并不会有失常态。别人挽留他叫他留住，他便留住。他之所以一被挽留即便留住，这也是因为他认为贸然离去并不算是洁身自好的缘故。』孟子说：『伯夷胸襟过于狭隘，柳下惠的态度又太不恭敬。狭隘和不恭敬，贤德的君子是不会这样做的。』

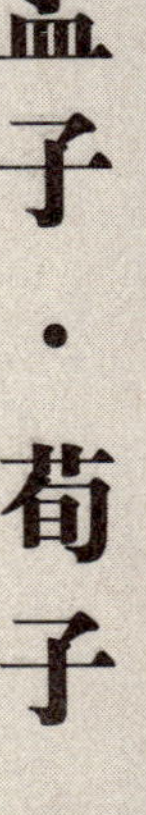

公孙丑章句下

原文

孟子曰：『天时不如地利，地利不如人和。三里之城，七里之郭[①]，环而攻之而不胜。夫环而攻之，必有得天时者矣，然而不胜者，是天时不如地利也。城非不高也，池[②]非不深也，兵革非不坚利也，米粟非不多也，委而去之，是地利不如人和也。故曰：域民不以封疆之界，固国不以山溪之险，威天下不以兵革之利。得道者多助，失道者寡助。寡助之至，亲戚畔之；多助之至，天下顺之。以天下之所顺，攻亲戚之所畔，故君子有不战，战必胜矣。』

注释

①三里之城，七里之郭：内城叫『城』，外城叫『郭』。内外城比例一般是三里之城，七里之郭。②池：即护城河。

译文

孟子说：『得天时不如得地利好，得地利又不及得人和好。譬如这里有座内城三里、外城七里的城邑，敌人包围攻打却无法取胜。敌人既来围攻，一定是挑选过天时的了；然而却无法取胜，这正说明得天时不如得地利好。又譬如这里有另一座城邑，它的城墙筑的

诸葛亮隆中决策

刘备三顾茅庐，请诸葛亮出山辅佐。诸葛亮在隆中与刘备分析天下形势，指出天时地利人和是成大事的重要条件。

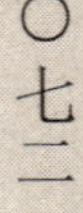
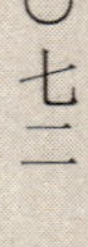

并不是不高，护城壕挖得并不是不深，士卒们的兵器和盔甲并不是不锐利、坚固，粮食也并不是不多，可是，（当敌人一来进犯，）守兵们便弃城而逃，这正足以说明得地利又不及得人和好。因此说：限制人民不必靠国家的疆界，巩固国防不必凭借山河的险要，威慑天下不必凭借武力的强大。得到正义的人帮助他的人就会多，失掉正义的人帮助他的人就会少。寡助到了极点时，连自己的亲人朋友都会背叛他；多助到了极点时，普天下的人都愿意顺从他。让天下都顺从他的人去攻打连他的亲戚也背叛他的人，因此，那些正义的君主要么不去攻打，只要一去攻打立即就会获得胜利。』

原文

孟子将朝王①，王使人来曰：『寡人如就见者也，有寒疾，不可以风；朝将视朝，不识可使寡人得见乎？』

对曰：『不幸而有疾，不能造朝。』

明日，出吊于东郭氏。公孙丑曰：『昔者辞以病，今日吊，或者不可乎？』

曰：『昔者疾，今日愈，如之何不吊？』

王使人问疾，医来。

孟仲子②对曰：『昔者有王命，有采薪③之忧，不能造朝；今病小愈，趋造于朝，我不识能至否乎？』

使数人要于路，曰：『请必无归，而造于朝！』

不得已而之景丑氏④宿焉。景子曰：『内则父子，外则君臣，人之大伦也。父子主恩，君臣主敬。丑见王之敬子也，未见所以敬王也。』

曰：『恶！是何言也！齐人无以仁义与王言者，岂以仁义为不美也？其心曰「是何足与言仁义也」云

尔，则不敬莫大乎是。我非尧舜之道，不敢以陈于王前，故齐人莫如我敬王也。』

注释

①王：指齐王。②孟仲子：孟子的堂兄弟，跟随孟子学习。③采薪之忧：本意是说有病不能去打柴，引申为自称生病的代词。薪，柴草。④景丑氏：齐国的大夫景丑。

孟子正准备去朝见齐王，却碰上齐王打发人来传话道：『本来我是将要来看望您的，无奈得了感冒，不能吹风，今早我将临朝视事，不知道可不可以让我有幸见到您？』

孟子回答说：『我也不幸得了点病，不能上朝来。』

第二天，（孟子）到齐国的大夫东郭氏家去作吊。公孙丑说：『昨天刚托病不上朝，今天却又出门去作吊，（这样做）也许不大合适吧？』

孟子答道：『昨天有病，今天病好了，怎么不去作吊呢？』

齐王派人来探看孟子的病，医生也一起来了。

孟仲子应付来人说：『昨天王命召见，恰好（先生）病了，不能上朝。今天病稍好点，已上朝去了，我不知道他能不能到达朝中？』所以打发几个人到路上拦住孟子说：『请您一定别回家，上朝去走一趟吧！』

（孟子）没有办法，只得绕道到较为相好的朋友景丑氏家借住一晚。景丑（知道这种情况后）便提出异议道：『在家庭内就得讲个父子之亲，在家庭外就得讲个君臣之义，这是人们相互之间重大的伦常关系。父子之间以恩爱为主，君臣之间以尊敬为主，我只看到齐王对你的尊敬，却没有看到你用来尊敬齐王的任

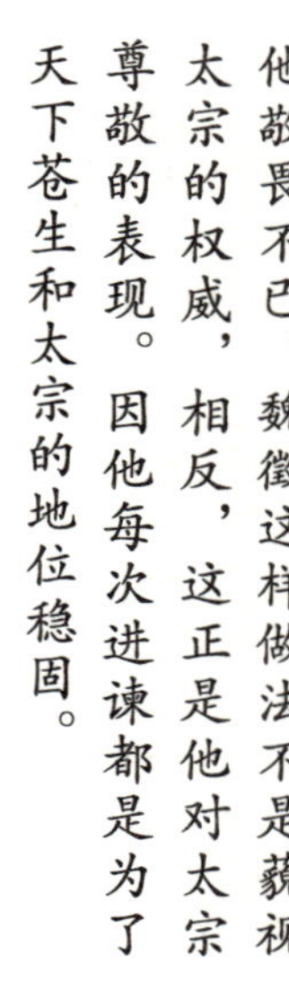

魏徵

魏徵屡次直言强谏，连太宗都对他敬畏不已。魏徵这样做法不是藐视太宗的权威，相反，这正是他对太宗尊敬的表现。因他每次进谏都是为了天下苍生和太宗的地位稳固。

何表示。』

孟子说：『哎！你这是什么话！你们齐国人没有一个拿仁义之道去跟齐王去谈的，难道真的是认为仁义不好吗！他们心里无疑是这样的：「这样一个君主哪配跟他谈论什么仁义之道呢？」我看，再没有什么行为比这种态度更不尊敬齐王了。我不是尧舜这样治天下的最好方术，不敢拿到齐王前面去诉说，因此齐国人对齐王的尊敬，是谁也比不上我的。』

原文

景子曰：『否，非此之谓也。《礼》曰：「父召，无诺；君命召，不俟驾。」固将朝也，闻王命而遂不果，宜与夫礼若不相似然。』

曰：『岂谓是与？曾子曰：「晋、楚之富，不可及也。彼以其富，我以吾仁；彼以其爵，我以吾义，吾何慊乎哉？」夫岂不义而曾子言之？是或一道也。天下有达尊三：爵一，齿一，德一。朝廷莫如爵，乡党莫如齿，辅世长民莫如德。恶得有其一以慢其二哉？故将大有为之君，必有所不召之臣，欲有谋焉，则就之。其尊德乐道，不如是，不足与有为也。故汤之于伊尹，学焉而后臣之，故不劳而王；桓公之于管仲，学焉而后臣之，故不劳而霸。今天下地丑德齐，莫

能相尚；无他，好臣其所教，而不好臣其所受教。汤之于伊尹，桓公之于管仲，则不敢召。管仲且犹不可召，而况不为管仲者乎！』

译文

景丑说：『不，我说的不是这个。《礼》书中说：「父亲召唤儿时，轻轻答应一声是，便立即起身，绝对不可以慢条斯理地说声诺。君主下令召臣子，应该立即动身，不能等待驾好车子再走。你本来准备上朝，听到齐王召唤反而不去了，也许跟《礼》书上说的不大相符合吧。』

孟子说：『难道你说的是这个吗？曾子说过：「晋国和楚国的豪富，是人家不能相比的。不过，他们凭的是财富，我行的是仁；他们仗的是爵位，我守的是仁义，（和他们比起来，）我心里又有什么遗憾呢！」曾子讲这个话难道有什么不对么？这中间也许是有道理的。天下有三个为人们普遍尊敬的东西：一个是爵位，一个是年龄，一个是德行。（这三个东西的被重视的程度因地而异，）在朝廷里没有什么比得上爵位的，在乡里没有比得上年龄的，在辅佐君主抚养百姓方面就没有比得上德行的，又怎能仗着自己占着一面（爵位）却去怠慢占着两面（年龄与德行）的人呢！所以将要大有作为

李世民

水能载舟，亦能覆舟。故而明君都会礼贤下士，虚心听取臣子的意见，稳固自己的统治。唐太宗李世民作为万世明君，在这一点上自然是不输他人了。他对自己的臣子都礼让有加，虚心听取魏徵、房玄龄等人的意见，臣子生病，太宗也亲自前去探望。

的君主，一定有他不敢召唤的臣子，要是有重大国事必须得商议，就亲自去他家里请教。他（国君）重视德行、乐于行仁政，认为不这样做，就不能与贤德的臣下有所建树。所以，商汤王对于伊尹，先向他学习，然后用他为臣子，所以，能够做到不劳而行王道于天下；桓公对于管仲，也是先向他学习，然后再用他为臣，因此，能够做到不劳而成立霸主的事业。现在天下的大国，土地大小都差不多，君主们的思想行为也不相上下，谁也没能超过谁，这没有别的原因，就是他们喜欢用听从他们教导的人做臣子，而不喜欢用有能力教导他们的人做臣子。商汤王对于伊尹，齐桓公对于管仲，就不敢召唤。管仲这样的人都不可以召唤，何况不屑做管仲的人呢！』

原文

陈臻[1]问曰：『前日于齐，王馈兼金[2]一百[3]而不受；于宋，馈七十镒而受；于薛[4]，馈五十镒而受。前日之不受是，则今日之受非也；今日之受是，则前日之不受非也。夫子必居一于此矣。』

孟子曰：『皆是也。当在宋也，予将有远行，行者必以赆；辞曰「馈赆」，予何为不受？当在薛也，予有戒心；辞曰「闻戒，故为兵馈之」，予何为不受？若于齐，则未有处也。无处而馈之，是货之也。焉有君子而可以货取乎？』

注释

①陈臻：孟子的学生。②兼金：好金。因其价格双倍于普通金，所以称为『兼金』。古代所说的金，多是指黄铜。③一百：即一百镒。镒为古代计量单位，一镒为二十两。④薛：春秋时有薛国，但在孟子的时代已被齐国所灭，所以，这里的薛是指齐国靖郭君田婴的封地，在今山东滕县东南。

廉平不苟

孟子的不受无名之财为后世人所称道，并成为他们效仿的典范。历朝历代都有许多清正廉洁者，他们不受无名之财，行忠直之事，无愧于天地。东汉李恂就是这样的一位廉吏。他在担任兖州刺史期间清正廉洁，以身作则教导部下。出使西域后各国官商都赠给他美女、名马、金银等物，他一无所受。

译文

陈臻问道：『前些日子在齐国，齐王赠送给您质好价高的黄金一百镒您却不接受。近来在宋国，（宋君）赠送七十镒黄金您接受了；在薛地，（薛君）赠送五十镒黄金您也接受了。如果前些日子的不接受是对的，那么，今天的接受就不对了；如果今天的接受是对的，那么，前些日子的不接受就不对了。您先生在这两个截然相反的做法中，一定有一个是做错了的。』

孟子说：『都是对的。当在宋国的时候，我将要远出旅行，（按照惯例）对出门旅行的人一定要送点程仪，宋君当时说是送程仪，我为什么不接受呢？当在薛地时，（听说有人想暗害我，）我得有所戒备，薛君当时听说我要作戒备，因此送点钱给我购置武器，我又怎么不接受呢？至于在齐国，就没有说明是什么用途，不说明用途却要（无缘无故地）送钱给我，这无异是想收买我。哪有贤德君子可以用钱财收买的呢？』

原文

孟子之平陆[①]，谓其大夫曰：『子之持戟之士，一日而三失伍，则去之否乎？』曰：『不待三。』『然则子之失伍也亦多矣。凶年饥

诸葛亮

诸葛亮不仅是智者，在为人正己方面也值得景仰。据说晋武帝司马炎曾向蜀汉旧臣樊建询问诸葛亮的治国之策。樊建说：『诸葛亮知错必改，毫不隐瞒自己的过失；他赏罚有信，足以感动神明。』因此司马炎对诸葛亮钦佩不已。

岁，子之民，老羸转于沟壑，壮者散而之四方者，几千人矣。』曰：『此非距心之所得为也。』曰：『今有受人之牛羊而为之牧之者，则必为之求牧与刍矣。求牧与刍而不得，则反诸其人乎？抑亦立而视其死与？』曰：『此则距心之罪也。』他日见于王，曰：『王之为都者，臣知五人焉。知其罪者，惟孔距心。』为王诵之。王曰：『此则寡人之罪也。』

注释

①平陆：齐国边境的邑，在今山东汶上县北。

译文

孟子到平陆，对那里的邑令说：『你城里守卫边疆的战士，假如一天之内三次擅离职守，这样，是不是要将他开除呢？』邑令说：『没必要等到三次（才开除）。』孟子紧接上去说：『可是，你失职的地方也已经不少了。在饥荒年岁，你管治的老百姓们、老弱病残辗转抛尸到山沟中的，体力较强些的青壮年散走四方的，几乎近千人了。』邑令说：『这不是我孔距心力所能办到的事。』孟子说：『现在如果有个人接受了替人牧放牛羊的任务，他就一定要替人家找牧地和草料。万一找不到牧地和草料，那么，是把牛羊送还给人家呢，还是站在那里眼看着牛羊饿死呢？』邑令说：『这就是我孔距心的罪过了。』后来，孟子朝见齐王说：『您大王的邑令，我结识了五个，其中能认识失职的罪过的，只有孔距心一人。』于是把自己跟孔距心的谈话对齐王说了一遍。齐王听后说：『这也是我的罪过啊。』

原文

孟子谓蚳蛙[1]曰：『子之辞灵丘[2]而请士师[3]，似也，为其可以言也。今既数月矣，未可以言与？』蚳蛙谏于王而不用，致为臣而去。齐人曰：『所以为蚳蛙则善矣；所以自为，则吾不知也。』公都子[4]以告。曰：『吾闻之也：有官守者，不得其职则去；有言责者，不得其言则去。我无官守，我无言责也，则吾进退，岂不绰绰然有余裕哉？』

注释

①蚳蛙：齐国大夫。②灵丘：齐国边境邑名。③士师：官名，掌禁令、狱讼、刑罚，为古代法官之通称。④公都子：孟子的学生。

译文

孟子对蚳蛙说：『你辞掉灵丘邑令不当，却要求去做治狱官，这件事做得似乎有点道理，因为（做了治狱官）可以向主上进言了。现在（你当治狱官）已经几个月了，难道还不可以进言么？』蚳蛙向齐王进了言却没有被采纳，便辞职离去了。齐国有人（议论这件事）道：『（孟子）替蚳蛙打算的还是好的；可为自己打算的怎样，我就不知道了。』公都子把这些话告诉了孟子。孟子说：『我听说过：有官职的人，不能履行他的职责就只有辞职不干；有进言责任的人，他进了言上边的人不采纳，就也得辞职不干。我既没有官职，也没有进

萧何

孟子虽和王驩来回相处，但却不曾进一言，这是他谨言慎行的表现。萧何追随刘邦，劳苦功高，被封为相。刘邦称帝后，诛杀功臣，唯独萧何因为立身行事十分小心，所以可得善终。

言的责任，那我的出处进退，岂不是宽宽绰绰，有更多的自由吗？』

原文

孟子为卿于齐，出吊于滕，王使盖[①]大夫王驩[②]为辅行。王驩朝暮见，反齐滕之路，未尝与之言行事也。公孙丑曰：『齐卿之位，不为小矣；齐滕之路，不为近矣，反之而未尝与言行事，何也？』曰：『夫既或治之，予何言哉？』

注释

①盖：齐国邑名，在今山东沂水县西北。②王驩：盖邑的地方长官，齐王的宠臣。

译文

孟子在齐国为卿，奉派出使到滕国去吊唁，齐王还另派了盖邑的邑令王驩做副使。王驩早晚同孟子在一块，往返于齐滕的道路上，孟子却从未和他商量过怎样行事。公孙丑不禁发问道：『齐卿的位置，不算小了；从齐到滕的路，也不算近了，来回一整趟您却从不曾和（王驩）商量怎样行事，这是为什么呢？』孟子说：『既然有人去办理那些事了，我还说什么呢？』

孝感动天

古时尤为推崇孝义，孝子的事迹都被人广为传诵。最早的孝子，莫过于舜了。他母亲早死，父亲再婚，伙同后母和弟弟百般陷害他。舜仍对他们关爱如常。后来舜登天子之位后，仍恭敬奉养父亲和后母，对弟弟也十分照顾。

原文

孟子自齐葬于鲁①，反于齐，止于嬴。充虞②请曰：『前日不知虞之不肖，使虞敦匠。事严，虞不敢请。今愿窃有请也：木若以美然。』曰：『古者棺椁无度③，中古④棺七寸，椁称之。自天子达于庶人，非直为观美也，然后尽于人心。不得，不可以为悦；无财，不可以为悦。得之为有财，古之人皆用之，吾何为独不然？且比化者无使土亲肤，于人心，独无恔乎？吾闻之也：君子不以天下俭其亲。』

注释

①自齐葬于鲁：孟子在齐国时，随行的母亲去世，孟子从齐国把母亲遗体送回国安葬。②充虞：孟子的学生。③棺椁无度：古代棺材分内外两层，内层叫棺，外层的套棺叫椁。棺椁无度是说棺与椁都没有尺寸规定。④中古：指周公治礼以后的时代。

译文

孟子从齐国将母亲归葬到鲁国后，重新返回齐国，在嬴邑停留下来。充虞请问道：『早先您不知道我的能力差，承蒙派遣我去监督备办棺木。当时事忙，我不敢请示。现在我想（趁机）请教一下：（我觉得）棺木似乎有点过于华美了。』孟子说：『上古时候人们用的内棺和外棺尺寸的厚薄，没有什么规定，中古时候规定内棺厚七寸，外棺的厚薄必须与它相称。上起天子，下至百姓，（对棺椁都得讲究，）不止是为了好看，（大家认为只有这样做了，）然后才算是尽了孝心。（受到礼法限制，）不得用好棺木，当然不能令人称心如意；限于财力，不可能购用好棺木，同样也难以做到称心如意。只要礼法允许而又财力能办到，古代人都会用好棺木，我为什么就不能这样做呢？而且为了让死者的遗体不沾着泥土，（这样做）人子的心不是可以感到慰藉而不再有什么遗憾么？我听说过：一个懂得孝道的君子，决不因为要为天下人节约物资而在埋葬父母的大事上省钱。』

沈同①以其私问曰：『燕可伐与？』孟子曰：『可。子哙不得与人燕，子之不得受燕于子哙。有仕于此，而子悦之，不告于王而私与之吾子之禄爵；夫士也，亦无王命而私受之于子，则可乎？何以异于是？』齐人伐燕。或问曰：『劝齐伐燕，有诸？』曰：『未也。沈同问：「燕可伐与？」吾应之曰：「可。」彼然而伐之也。彼如曰：「孰可以伐之？」则将应之曰：「为天吏，则可以伐之。」今有杀人者，或问之曰：「人可杀与？」则将应之曰：「可。」彼如曰：「孰可以杀之？」则将应之曰：「为士师，则可以杀之。」今以燕伐燕，何为劝之哉？』

①沈同：齐国大臣。

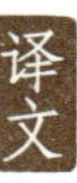

沈同以他个人的身份问孟子道：『我们可以讨伐燕国吗？』孟子说：『可以。（没有天子的命令，）子

哙无权擅自把燕国让给人家，子之也不得擅自从子哙那里接受燕国。如果这里有个谋求官职的人，你对他很喜欢，也不向齐王报告，便把自己的俸禄和官爵都暗地里让给他；而那个人呢，也没有得到齐王的命令便从你那里私自接受你的俸禄和官爵，你说这样做可以吗？子哙和子之私相授受燕国的事跟这个又有什么不同呢？』齐国人出兵讨伐燕国。有人问孟子道：『听说您曾劝齐国讨伐燕国，有这回事吗？』孟子说：『没有这回事。沈同问过：「燕国可以讨伐吗？」我回答他说「可以」，他便真的认为是这样而使齐国出兵去讨伐了燕国。他假如进一步问：「谁可以去讨伐燕国？」那我就会回答他道：「只有上得天意的天吏才可以去讨伐它。」假如现在有个杀人的人，有人问道：「这个杀人犯可以杀掉吗？」那么被问的人就会回答他说：「可以。」他如果说：「谁可以杀他呢？」那就将回答道：「做治狱官，就可以杀他。」现在以一个跟无道燕国不相上下的国家去讨伐燕国，我怎么能劝他们这样做呢？』

原文

燕人畔①。王曰：『吾甚惭于孟子。』陈贾②曰：『王无患焉。王自以为与周公孰仁且智？』王曰：『恶！是何言也？』曰：『周公使管叔监殷，管叔以殷畔③。知而使之，是不仁也；不知而使之，是不智也。仁智，周公未之尽也，而况于王乎？贾请见而解之。』见孟子，问曰：『周公何人也？』曰：『古圣人也。』曰：『使管叔监殷，管叔以殷畔也，有诸？』曰：『然。』曰：『周公知其将畔而使之与？』曰：『不知也。』『然则圣人且有过与？』曰：『周公，弟也；管叔，兄也。周公之过，不亦宜乎？且古之君子，过则改之；今之君子，过则顺之。古之君子，其过也，如日月之食，民皆见之，及其更也，民皆仰之；今之君子，岂徒顺之，又从为之辞。』

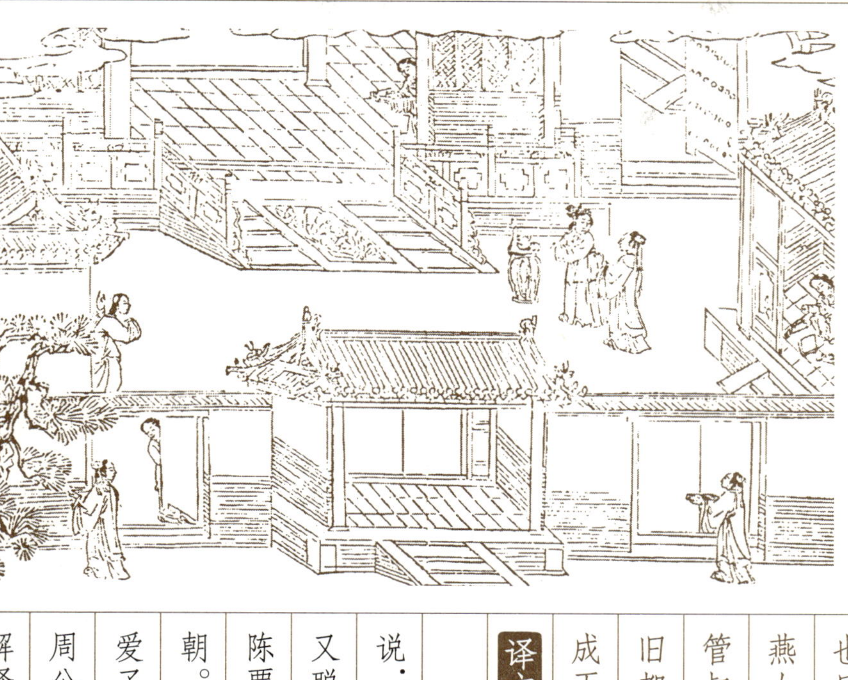

罪己诏　汉武帝早年征战不已，又笃信巫术，给国家造成很大灾难。晚年下诏罪己，以为警戒。

注释

①燕人畔：齐国占领燕国时，孟子曾向齐宣王提出，为燕立一君主而后撤离，齐王不听。两年内，燕人不服。赵国等诸侯国也反对齐吞并燕，怕齐国因此而变得更强大，于是立燕昭王，燕人拥护，迫使齐军败退撤回。②陈贾：齐国大夫。③周公使管叔监殷，管叔以殷畔：周武王灭商后，封纣王之子武庚于其旧都，派其弟管叔、蔡叔、霍叔去监视殷的遗民。武王死后，成王幼，周公执政，管叔等和武庚反叛，后周公平定了叛乱。

译文

燕国人不归附齐国。齐王说：『我对孟子感到很惭愧。』陈贾说：『大王别为这个难过。您觉得您跟周公相比，哪一个更仁爱而又聪明些呢？』齐王（不太高兴地）道：『哎！你这是什么话！』陈贾说：『周公派遣管叔去监督殷国，管叔却带领殷国一起反叛周朝。如果周公知道管叔会叛变却要派遣他，这就对自己兄弟太不仁爱了；如果不知道而派遣他，这便是他的不聪明的地方。仁和智，周公尚且没有完全做到，何况您大王呢？请让我陈贾去见孟子做些解释。』陈贾见到孟子问道：『周公是什么样的人呢？』孟子说：『是古代的圣人。』陈贾问：『周公派管叔监督殷国，管叔率领殷国一道反叛周朝，有这件事吗？』孟子说：『不错。』陈贾说：『周公是事先知道他将会反叛却仍派遣他的么？』孟子说：『不知道。』陈贾紧接上去又问道：『那么，圣人尚且会有过错么？』孟子答道：『周公是弟弟，管叔是哥哥，周公的过错，不也是合乎情理的事么？况且古代品德高尚的君子，有过就改；现在身居高位的君子，明知错了，却将错就错。古代的君子，他们犯的过错，像天上发生的日蚀月蚀一样，老百姓都可以看到；当他们改正错误时，老百姓也都能抬头看见。现在的君子，不但一错再错，而且还要千方百计找借口、编谎言来为自己的错误作辩护。』

原文

孟子致为臣而归。王就见孟子，曰：『前日愿见而不可得，得侍同朝甚喜。今又弃寡人而归，不识可以继此而得见乎？』对曰：『不敢请耳，固所愿也。』他日，王谓时子[1]曰：『我欲中国而授孟子室，养弟子以万钟[2]，使诸大夫国人皆有所矜式，子盍为我言之！』时子因陈子而以告孟子，陈子[3]以时子之言告孟子。孟子曰：『然，夫时子恶知其不可也？如使予欲富，辞十万而受万，是为欲富乎？季孙[4]曰：「异哉子叔疑[5]！使己为政，不用，则亦已矣，又使其子弟为卿。人亦孰不欲富贵？而独于富贵之中，有私龙断焉。」古之为市也，以其所有易其所无者，有司者治之耳。有贱丈夫焉，必求龙断而登之，以左右望，而罔市利。人皆以为贱，故从而征之。征商，自此贱丈夫始矣。』

注释

①时子：齐王的臣子。②万钟：钟，古代量器。齐国量器有豆、区、釜、钟四种。每豆四升，每区四豆，每釜四区，每钟十釜。万钟为六万四千石。③陈子：即陈臻，孟子弟子。④季孙：人名，事迹不

详。⑤子叔疑：人名，事迹不可考。

三顾茅庐

求贤必须要明确地表现出自己的诚意，让人能够感觉到。孟子要走时齐王才派人来挽留，平时也未见得有多恭敬，故而孟子不肯留下。刘备去请诸葛亮出山，三顾茅庐，终于用诚意感动了诸葛亮，辅佐刘备打天下。之后，刘备一直对诸葛亮恭敬有加，凡事都先向他请教，诸葛亮也为蜀国鞠躬尽瘁，死而后已。

译文

孟子辞职想回家。齐王登门见到孟子说：『以前（您还没有来齐时）我期望见到您都不可能，后来有幸能和您同朝共事，我感到十分高兴。现在您丢下我要回乡去了，不知从今以后，我们还有见面的机会吗？』孟子答道：『我只是不敢（非分地）提出这样的要求罢了，（其实，）这本是我的愿望呢。』在另一天，齐王对时子说：『我想在首都的中心地带建一座房子供孟子住，送给他万钟粮粟作为弟子们的生活费用，使朝廷内外的官民都有所取法，你为什么不替我向孟子说说我这种打算！』时子托陈子转告孟子，陈子将时子的话告诉了孟子。孟子说：『哦！那位时子又怎么知道这种事情（万万）不可以做呢？假如我想发财，辞去十万钟的禄米不要却去接受万钟的赐粮，这是为了想发财吗？季孙说过：「子叔疑这个人真奇怪！自己被任命做官，没有取得信任，也就算了吧，却又要（活动）让他的子弟去做卿。人们又有谁不想获取厚禄高官，而只有他却独独想在升官发财之中垄断一切。」（什么叫垄断呢？）古代的集市贸易，人们都是拿他们自己所有的东西，去跟人家交换自己所没有的东西，（这些事情）不过由有关部门去管理罢了。后来有一个被人瞧不起的贪得无厌的汉子，一定要找一个惟一突出的高丘爬上去，以便四面张望，把集市上贸易的赢利一齐捞过来，人们都鄙视他这种行为，因此就向他征税。向商人征税的制度是从这个卑鄙的汉子开始的。』

原文

孟子去齐，宿于昼①。有欲为王留行者，坐而言。不应，隐几而卧。客不悦曰：『弟子齐宿而后敢言，夫子卧而不听，请勿复敢见矣。』曰：『坐！我明语子。昔者鲁缪公②无人乎子思之侧，则不能安子思③；泄柳、申详④无人乎缪公之侧，则不能安其身。子为长者虑，而不及子思；子绝长者乎？长者绝子乎？』

注释

①昼：齐国邑名。②鲁缪公：鲁国国君，名显，前409年至前377年在位。③子思：名孔伋，孔子之孙。鲁缪公尊敬子思，常派人在子思身边伺候致意，使子思安心。④泄柳、申详：同为鲁缪公时贤人。泄柳亦称子柳；申详，孔子弟子子张之子。他们二人认为，如果没有贤者在左右维护君主，自身就感到不安。

译文

孟子离开齐国，住在昼邑。有个来替齐王挽留孟子的人，跪坐着跟孟子说话。孟子没有回答他，靠在小桌子上打盹。客人不高兴地说：『学生先一天斋戒致敬然后才敢前来进言，先生却睡大觉，连听也不听，这我就不再敢求见您了。』孟子说：『坐下来！我清楚地告诉你。从前鲁缪公要不是经常有人留在子思旁边（表达自己对子思的诚意），就不能把子思留下来；泄柳和申详要是没有人经常在鲁缪公旁边（维持），他们也就不能安下身来。你替长辈打算，赶不上子思时的贤者为子思着想的，（却来劝我留下，）到底是你跟长辈决绝呢，还是长辈跟你决绝呢？』

原文

孟子去齐。尹士①语人曰：『不识王之不可以为汤武，则是不明也；识其不可，然且至，则是干泽也。千里而见王，不遇故去，三宿而后出昼，是何濡滞也？士则兹不悦。』高子②以告。曰：『夫尹士恶知予哉？千里而见王，是予所欲也；不遇故去，岂予所欲哉？予不得已也。予三宿而出昼，于予心犹以为速，王庶几改之！王如改诸，则必反予。夫出昼，而王不予追也，予然后浩然有归志。予虽然，岂舍王哉！王由足用为善。王如用予，则岂徒齐民安，天下之民举安。王庶几改之！予日望之！予岂若是小丈夫然哉？谏于其君而不受，则怒，悻悻然见于其面，去则穷日之力而后宿哉？』尹士闻之，曰：『士诚小人也。』

注释

①尹士：齐国人。②高子：齐国人，孟子弟子。

译文

孟子离开齐国而去。尹士对别人说：『不知道齐王成不了商汤王、周武王那样的人，那就是（孟子）缺乏眼力的地方；知道他不行，可还是来到了齐国，那就是贪图富贵了。跑了千多里路来见齐王，因为意见不合所以离去，住了三晚才出了昼县，这到底又是为了什么这样慢腾腾的呢？我就对这一点不高兴。』高子把这些话告诉了孟子。孟子说：『那个尹士又怎么了解我呢？跑了千多里路来见齐王，这是我的愿望；因为意见不相合所以离去，难道是我的愿望么？我是不得已啊。我住了三晚才走出昼县，在我的心里还认

为快了点，（当时我心想，）齐王也许会改变原来的态度吧！齐王如果改变态度，就一定会把我召回去。我走出了昼县齐王却不来追我（回去），然后我才有了难以抑制的回乡打算。我尽管这样，难道（愿意）舍弃齐王吗？（我认为）齐王还是有条件办好政事的。齐王如果用了我，那何止是齐国人民得到安居乐业，天下的人民也全都能得到安居乐业，齐王也许会改变态度，我天天盼望他能如此！我难道会像那种心地狭窄的人的样子么？是向他的国君进谏没有采纳就发脾气，怒容满面，离开那个国家时就竭尽全力跑够一天的路程然后住宿那样的人吗？』尹士听到这些话后说：『我的确是个（目光短浅的）小人啊。』

孟子去齐，充虞路问曰：『夫子若有不豫色然。前日虞闻诸夫子曰：「君子不怨天，不尤人。」』曰：『彼一时，此一时也。五百年必有王者兴，其间必有名世者。由周而来，七百有余岁矣。以其数，则过矣；以其时考之，则可矣。夫天未欲平治天下也，如欲平治天下，当今之世，舍我其谁也？吾何为不豫哉？』

孟子离开齐国，充虞在路上问他道：『您先生好像有点不满意的样子。以前我听见您先生说过：「一个道德修养高的君子是不会怨天尤人的。」（对吗？）』孟子说：『那时是那时，现在是现在，（情况不同了嘛！）（从历史的进程来看，我发现）每隔五百年就一定会有一位推行王道的圣君降生，这中间一定也还会有一些以才德闻名于时的人才出现。从周朝开国以来，到现在已有七百多年了。拿时数来说，就超过了（五百年）；拿时势来考察一下，就该有诞生圣君贤相的可能了。上天现在是不想让天下太平，（那就没有什么说的了；）

上天要是想使天下获致太平，那当今的世上，除了我还有谁能担当这份重任呢？我为什么不满意呢？』

原文

孟子去齐，居休。公孙丑问曰：『仕而不受禄，古之道乎？』曰：『非也。于崇，吾得见王，退而有去志，不欲变，故不受也。继而有师命，不可以请。久于齐，非我志也。』

译文

孟子离开齐国，在休地住下。公孙丑问道：『做官却不接受俸禄，这是古代传下来的法规吗？』孟子说：『不是。（当日）在崇地，我有机会见到齐王，（因为他这个人不愿行仁政，所以我）回来后便起了离开的念头，（我）不想改变这种念头，所以不接受俸禄。接着齐国又发生了战事，不适于请求离去。留在齐国的时间过长，并不是我的志愿。』

滕文公章句上

滕文公为世子，将之楚，过宋而见孟子。孟子道性善，言必称尧舜。世子自楚反，复见孟子。孟子曰：『世子疑吾言乎？夫道一而已矣。成覸[1]谓齐景公曰：「彼，丈夫也；我，丈夫也；吾何畏彼哉？」颜渊曰：「舜，何人也？予，何人也？有为者亦若是。」公明仪[2]曰：「文王，我师也；周公岂欺我哉？」今滕，绝长补短，将五十里也，犹可以为善国。《书》曰：「若药不瞑眩，厥疾不瘳。」』

注释

①成覸：齐国的勇士。②公明仪：人名，复姓公明，名仪，鲁国贤人，曾子学生。

译文

滕文公做太子时，将要出使到楚国去，路过宋国，便特地去看望孟子。孟子跟他讲了人性善的观点，开口不离尧舜。太子从楚国回来时，又会见了孟子。孟子说：『太子怀疑我的话吗？道理只有一个罢了。成覸对齐景公说：「他是男子大丈夫，我也是男子大丈夫，我干嘛要怕他呢？」颜渊说过：「舜是什么样的人呢？我是什么样的人呢？有作为的人也应该像他一个样子。」公明仪曾经说：「文王是我的老师，周公难道会骗我吗？」现在滕国（虽小），如果将土地截长补短（进行丈量），也将有五十里见方大，还是可以建设成一个好国家。《书》说：「如果一种药服了后不使人产生头晕目眩的感觉，那个病是不会治好的。」』

原文

滕定公[1]薨[2]，世子谓然友[3]曰：『昔者孟子尝与我言于宋，于心终不忘。今也不幸至于大故，吾欲使

子问于孟子，然后行事。』然友之邹，问于孟子。孟子曰：『不亦善乎！亲丧，固所自尽也。曾子曰：「生，事之以礼；死，葬之以礼，祭之以礼，可谓孝矣。」诸侯之礼，吾未之学也。虽然，吾尝闻之矣。三年之丧[4]，齐疏之服[5]，𫗴之食，自天子达于庶人，三代共之。』然友反命，定为三年之丧。父兄百官皆不欲，故曰：『吾宗国[6]鲁先君莫之行，吾先君亦莫之行也，至于子之身而反之，不可。且《志》[7]曰：「丧祭从先祖。」曰：「吾有所受之也。」』

注释

①滕定公：滕文公的父亲。②薨：死。古代称侯王死，唐代以后用于指二品以上官员死。③然友：人名，太子的老师。④三年之丧：指子女为父母、臣下为君主守孝三年。⑤齐疏之服：用粗布做的缝边的丧服。齐，指衣服缝边。古代丧服叫做衰，不缝衣边的叫『斩衰』，缝衣边的叫『齐衰』。⑥宗国：鲁国的始封祖和滕国的始封祖是兄弟，按照宗法制度，滕国尊称鲁国为宗国。⑦《志》：记国家世系等的书。

译文

滕定公死了，太子对师傅然友说：『前些时孟子在宋国曾经跟我谈过一些话，我心里始终不能忘记。现在不幸遭到了大变故，我打算请你去向孟子请教，然后再举办丧事。』然友到邹国向孟子请教。孟子说：『（太子能够问及这样的事，）（这）不也好得很吗！办理父母的丧事，本是做孝子的人所应全力以赴的。曾子说过：「父母在世时，按礼仪的规定去侍奉；父母去世时，按礼仪的规定去安葬、去祭祀，这就称得上是尽孝了。」有关诸侯丧葬的礼仪，我没有学习过；但是，我曾经听说过：（父母去世后，孝子）守孝三年，

德修怀感

程公许，南宋人，少年时代，以孝敬出名，其母侯氏有病，他闭门谢客几个月，侍奉母亲饮食。母亲死时，他痛哭超出了礼制。

穿缝了边的粗布孝服，喝着稀饭，上从天子下到老百姓，夏、商、周三代都没有例外。』然友回去汇报了，所以定为守孝三年。公族的父兄和朝里的百官都不愿意，说：『我们的宗国鲁国的先代君主都没有行过（三年之丧），我们的先代君主也没有行过，到您手里却要在这方面一反祖先的所为，这事不能做。何况《志》书里说过：「丧葬和祭祀要照祖先的成规办事。」这样我们就可以说：「我们（这样做）是上有继承的。」』

原文

谓然友曰：『吾他日未尝学问，好驰马试剑。今也父兄百官不我足也，恐其不能尽于大事，子为我问孟子！』

然友复之邹，问孟子。孟子曰：『然，不可以他求者也。孔子曰：「君薨，听于冢宰①，歠粥，面深墨，即位而哭，百官有司莫敢不哀，先之也。」上有好者，下必有甚焉者矣。君子之德，风也；小人之德，草也。草尚之风，必偃。是在世子。』然友反命。世子曰：『然，是诚在我。』五月居庐，未有命戒。百官族人可，谓曰知。及至葬，四方来观之，颜色之戚，哭泣之哀，吊者大悦。

注释

①冢宰：官名。原是辅佐天子的官，百官之长，相当于后世的宰相。

译文

（于是太子）对然友说：『我以前不曾好好研究学问，只对跑马击剑感兴趣；现在父兄官吏们都不满意我的做法，我真担心我对这次丧礼不能做到竭诚尽力，请你再替我去向孟子请教一下。』然友又一次到邹国去向孟子请教。

孟子说：『对，这件事是不能向外人求救的。孔子说过：「君主去世，（太子）将一切政事全委托给首相去料理，喝稀饭，（哀伤得）面目黝黑，一临孝子之位便哀哀痛哭，（这样）下属的官吏便没有敢不悲哀的，由于太子带了头。」在上位的人有所爱好，下面的人一定便会（对这个）爱好得更厉害。君子的德像风，小人的德像草，风吹到草上面，草便一定会随风向而倒伏。这件事办得好坏完全取决于太子。』然友回去（向太子）复命。太子说：『对，这件事的确取决于我。』（于是）太子住在丧庐里整整五个月之久，不曾发号施令。朝中百官和公族都表示满意，说（太子）懂礼。等到定公被安葬时，四面八方的人都来观看葬仪，（太子）颜色的悲伤，哭泣的哀痛，使来吊唁的客人们看了都感到十分满意。

原文

滕文公问为国。

孟子曰：『民事不可缓也。《诗》云：「昼尔于茅，宵尔索绹；亟其乘屋，其始播百谷。」民之为道也：有恒产者有恒心，无恒产者无恒心。苟无恒心，放僻邪侈，无不为已。及陷乎罪，然后从而刑之，是罔民也。

焉有仁人在位，罔民而可为也？是故贤君必恭俭礼下，取于民有制。阳虎[①]曰：「为富不仁矣，为仁不富矣。」夏后氏五十而贡，殷人七十而助，周人百亩而彻，其实皆什一也。彻者，彻也；助者，藉也。龙子[②]曰：「治地莫善于助，莫不善于贡。」贡者，校数岁之中以为常。乐岁，粒米狼戾，多取之而不为虐，则寡取之；凶年，粪[③]其田而不足，则必取盈焉。为民父母，使民盻盻然，将终岁勤动，不得以养其父母，又称贷而益之，使老稚转乎沟壑，恶在其为民父母也？夫世禄，滕固行之矣。《诗》云：「雨我公田，遂及我私。」惟助为有公田。由此观之，虽周亦助也。

注释

①阳虎：又作阳货，春秋末鲁国大夫季氏的家臣。②龙子：古代贤人。③粪：扫除。

译文

滕文公（向孟子）询问治国的方法。

孟子说：『老百姓生产的事是刻不容缓的。《诗》里说过：「白天赶紧割茅草，晚上要把绳索搓好，急忙修缮旧房舍，耕田播种的时间很快就到。」老百姓的一般情况是这样，有固定的产业（或收入）的人便有稳定的思想，没有固定的产业（或收入）的人便没有稳定的思想。如果（老百姓）没有稳定的思想，那么什么无法无天的事，没有干不出来的。等到犯了罪，然后再加刑罚，这就无异于布下罗网陷害老百姓。哪有仁爱的君主在位却干出陷害老百姓的事来的呢？所以贤良的君主务必做到处事恭谨，生活俭朴，礼贤下士，向老百姓征收赋税有定规。阳虎说过：「要发财就别讲仁爱，要讲仁爱就别想发财了。」夏朝每家授田五十亩，赋税行的是贡法，商朝每家授田七十亩，赋税行的是助法。周朝每家授田百亩，赋税行的是

湿田击稻图

我国是世界上水稻栽培历史最优久的国家在传说中，是神农氏教会了人民种植水稻。历来统治者都很重视粮食生产，认为是国之根本。所以孟子说：『民事不可缓也。』

彻法，实际上征的税率都是十分之一。彻有通的意思；助有借的意思。龙子说：「经营土地的税制没有比助法更好的，没有比贡法更不好的。」所谓贡法就是计量、比较几年中的收成而定出一个税收的定数（即不管丰年、歉年都得按这个定数征税）。丰收年景粮食到处抛撒，多征收一点也不算苛暴，却征得少；凶年饥岁，田里的收获连购买来年的肥料都够不着，却一定要征足这个定数。号称老百姓父母的国君而使老百姓整年地辛勤劳动，却没法子养活自己的爹妈，还得借高利贷来凑足纳税的数字，以至使老弱辗转流亡，饥寒交迫，抛尸于水沟荒野之中，为民父母的实际意义又在哪里呢？对做大官的人赐予土地，使他们的子孙世代享有田租收入的『世禄』制度，滕国本来早就实行了。（但有利于老百姓的税制——助法却始终没有被采用，以至老百姓如此穷困。滕国既然能实行世禄制照顾做官的人的利益，也应该考虑考虑老百姓的痛苦而改行助法。）《诗》里面说：「（希望）上天首先降雨到公田，然后再把私田湿润。」只有实行助法才会有公田，从这篇周诗看来，虽然是周朝，也是实行助法的。

原文

「设为庠序学校以教之。庠者，养也；校者，教也；序者，射也。夏曰校，殷曰序，周曰庠；学则三代共之，皆所以明人伦也。人伦明于上，小民亲于下。有王者起，必来取法，是为王者师也。《诗》云：『周虽旧邦，其命维新。』文王之谓也。子力行之，亦以新子之国！」

使毕战[1]问井地[2]。

注释

①毕战：滕国的臣子。②井地：即井田，相传为古代奴隶社会的一种土地制度。以方九百亩的地为一个单位，划成九区，其中为一百亩公田，八家均私田百亩，同养公田。因形如井字，故名。

译文

「（基本上解决老百姓的生产生活问题后，还要）设立『庠』、『序』、『学』、『校』等来教育他们。所谓『庠』，含有教养的意思；所谓『校』，含有教育的意思；所谓『序』，含有习射的意思。乡学（即地方学校）的名称，夏朝叫校，殷朝叫序，周朝叫庠。至于国家办的学校（也就是大学），三代都共用了『学』这个名称，（无论乡学和国学，）都是用来向学生阐明教导他们明确『父子有亲、君臣有义、夫妇有别、长幼有序、朋友有信』这五种社会伦常观念的。在上面的诸侯卿大夫士明确并承认组成上层社会这五种人与人之间的伦常关系，小百姓们在下面自然也就亲密无间了。只要有愿意行王道的人出现，便一定要来向您模仿学习的，这样您就做了行王道的人的老师了。《诗》里说过：『岐周虽是历经夏商两朝的古老之国，天命却有意使它来一番革新。』这是就文王创建帝业而说的。您努力干下去，也可以使您的国家焕然一新的。」

辅君泽民

我国古代很重视民众的教育问题很多地方官往往以教育一方人民为己任。宋朝郴州人杜唐卿开办学校，树立了许多政绩，百姓对他称颂不已。

（滕文公）又打发毕战来（向孟子）询问有关井田制的问题。

孟子曰：『子之君将行仁政，选择而使子，子必勉之！夫仁政，必自经界始。经界不正，井地不钧，谷禄不平，是故暴君污吏必慢其经界。经界既正，分田制禄可坐而定也。

『夫滕，壤地褊小，将为君子焉，将为野人焉。无君子，莫治野人；无野人，莫养君子。请野九一而助，国中什一使自赋。卿以下必有圭田，圭田五十亩，余夫二十五亩。死徙无出乡，乡田同井，出入相友，守望相助，疾病相扶持，则百姓亲睦。方里而井，井九百亩，其中为公田。八家皆私百亩，同养公田；公事毕，然后敢治私事，所以别野人也。此其大略也，若夫润泽之，则在君与子矣。』

孟子说：『你的国君将要实行德政，经过精心选择才派遣你来问我，你必须努力完成使命！实行德政，必须从划分和理清田界入手。如果田界没有划分理清，井地的大小就不能做到均衡一律，做大官的人从封地里所得到的作为俸禄的田租就不能做到合理公平。所以那些暴君和贪官总是要（千方百计）把正确的田界搞乱。田界既然已经划分理清了，分田地给老百姓和给做官的人制定俸禄这两件事，便可以不费吹灰之力就可以把它们决定下来了。』

『滕国，国土狭窄，但也有官吏，也有老百姓。没有官吏，便不能治理老百姓；没有老百姓，便不能养活官吏。我希望你们在郊野实行九分抽一的助法，城邑（按照贡法的规定）使人们自行缴纳十分之一的赋税。卿以下的官吏每人分给他们供祭祀用费的圭田，圭田规定为五十亩；对于那些被称为「余夫」的剩余劳动力，就每人另分给田二十五亩，（这样）埋葬或搬家都不用背井离乡，在家乡同耕一井的田地，平日出入相亲相爱，防守盗贼互助互帮，如果一家有病人，八家一起来照顾，做到真正的亲爱团结了。（井田制：）在每一平方里的土地上划为一个井田单位，一个井田单位共有田九百亩，中间的百亩是公田，八户人家各耕私田一百亩，八家须得共同耕种好公田；公田里的农活完毕了，然后大家才敢去干私田的活，这样做就是为了使老百姓跟官吏有所区别。这里所说的只是井田制的大概情况；至于怎样搞得更完善、更理想一些，那就得靠你们的君主和你了。』

原文

有为神农之言①者许行②，自楚之滕，踵门而告文公曰：『远方之人闻君行仁政，愿受一廛而为氓。』文公与之处。其徒数十人，皆衣褐，捆屦、织席以为食。陈良③之徒陈相与其弟辛，负耒耜而自宋之滕，曰：『闻君行圣人之政，是亦圣人也，愿为圣人氓。』陈相见许行而大悦，尽弃其学而学焉。陈相见孟子，道许行之言曰：『滕君则诚贤君也，虽然，未闻道也。贤者与民并耕而食，饔飧而治。今也，滕有仓廪府库，则是厉民而以自养也，恶得贤？』

击麻

桑麻自古就有。桑蚕的成品是丝，光滑润泽，并且成本极高。相对来说，麻就要廉价许多，也不舒适，一般只有穷苦百姓才穿麻。但是许行及其门徒都与普通百姓一样，穿麻编席，生活清苦，可以成为世人的表率。

注释

①神农之言：神农氏的学说。神农是上古传说中的人物，常与伏羲氏、燧人氏一道被称为『三皇』。神农氏主要的功绩是教人从事农业生产，所以叫『神农』。春秋战国时期诸子百家多托古圣贤之名而标榜自己的学说。『农家』就假托为『神农之言』。②许行：农家代表人物之一，生平不详。③陈良：楚国的儒者。陈相、陈辛：都是陈良的学生。

译文

有位学习神农学说的学者名叫许行的，从楚国来到了滕国，登门告诉文公说：『远方的人听说您实行仁政，愿意接受一个住所做您的老百姓。』文公给了他住所。他的门徒有几十个，都穿着粗麻布衣，靠编草鞋、织麻席子过活。儒者陈良的门徒陈相和他的弟弟陈辛一起背着农具从宋国走到滕国，（见了文公）说：『听说您实行圣人的仁政，这样说来您也是圣人了，（我们）愿意做圣人的老百姓。』陈相见到许行后十分高兴，全部抛弃他原来所学的东西，转而向许行学习。陈相去见孟子，转述许行的话说：『滕君的确是个贤君；不过，还不懂得（做贤君的）道理。贤君应该跟老百姓一同种地获取口粮，自己弄饭吃，还要兼理国事。现在滕国有的是粮仓财库，那就是损害老百姓来养肥自己了，又怎么称得上贤德呢？』

水田耕作　此图反映了我国古代劳动人民劳作时的场景。在古代农民是人口中最大的一个群体，为社会提供了最基本的粮食和其他各种产品。

原文

孟子曰：『许子必种粟而后食乎？』曰：『然。』『许子必织布而后衣乎？』曰：『否，许子衣褐。』『许子冠乎？』曰：『冠。』曰：『奚冠？』曰：『冠素。』曰：『自织之与？』曰：『否，以粟易之。』曰：『许子奚为不自织？』曰：『害于耕。』曰：『许子以釜甑爨，以铁耕乎？』曰：『然。』『自为之与？』曰：『否，以粟易之。』『以粟易械器者，不为厉陶冶；陶冶亦以其械器易粟者，岂为厉农夫哉？且许子何不为陶冶，舍皆取诸其宫中[①]而用之？何为纷纷然与百工交易？何许子之不惮烦？』

注释

①宫中：家中。古代住宅无论贵贱都可以叫『宫』，秦汉以后才专指帝王所居为宫。

译文

孟子说：『许子一定要自己种庄稼然后才吃饭么？』（陈相）说：『是这样。』『许子一定要织布然后才穿衣服么？』（陈相）说：

『不，许子穿粗麻布衣。』『许子戴帽子么？』（陈相）说：『戴帽子。』（孟子）说：『戴什么帽子？』（陈相）说：『戴白绢帽子。』（孟子）说：『是自己织的吗？』（陈相）说：『不，用粮食换来的。』（孟子）说：『许子为什么不自己织呢？』（陈相）说：『那会妨碍庄稼活。』（孟子）说：『许子用锅甑弄饭，用铁器种地么？』（陈相）说：『对。』『（这些炊具和农具）是自己制造的么？』（陈相）说：『不是，是用粮食换来的。』『（农夫）用粮食换炊具和农具，不能算是损害泥瓦工和冶铁工；泥瓦工和冶铁工也用他们的炊具和农具换粮食，怎么能说是损害了农夫呢？而且许子为什么不自己烧窑炼铁，无论什么东西都可以从宫中取来用呢？为什么要这样忙碌地跟各种工匠去交换？为什么许子这样不怕麻烦呢？』

原文

曰：『百工之事固不可耕且为也。』

『然则治天下独可耕且为与？有大人之事，有小人之事。且一人之身，而百工之所为备，如必自为而后用之，是率天下而路也。故曰，或劳心，或劳力。劳心者治人，劳力者治于人；治于人者食人，治人者食于人：天下之通义也。

『当尧之时，天下犹未平，洪水横流，泛滥于天下，草木畅茂，禽兽繁殖，五谷不登，禽兽逼人，兽蹄鸟迹之道，交于中国。尧独忧之，举舜而敷治焉。舜使益掌火，益烈山泽而焚之，禽兽逃匿。禹疏九河，瀹济、漯而注诸海，决汝、汉，排淮、泗而注之江，然后中国可得而食也。当是时也，禹八年于外，三过其门而不入，虽欲耕，得乎？

北耕兼种图

图中所绘是古代的一种农具，用作播种，『麦粟梁皆用此具』。在社会分工中，农民负责生产器具，而有一些人要负责管理社会。所以孟子说：『或劳心或劳力，劳心者治人，劳力者治于人。』

译文

（陈相）说：『各种工匠的活儿本来就不可能在种地的同时干。』

『那么治理天下的事难道独独可以在种地的同时干么？做官的有做官的应做的事情，当百姓的有当百姓的应做的事情。况且一个人身上（所需用的东西），是所有工匠给做的，假如一定要自己制造的东西才去用，这简直是率领普天下的人全都奔忙于路途之上，永无停息了。所以：有的人动脑筋，有的人卖力气，动脑筋的人统治别人，卖力气的人受别人统治；受人统治的人得养活别人，统治人的人受别人供养，这是天下通行的法则。

『当唐尧在位的时候，天下还没有整治好，洪水乱流，到处泛滥成灾，草木生长茂盛，禽兽成倍地增长，谷物没有收成，恶禽猛兽危害人们，它们的足迹遍布于中原各地。尧独个儿对这种情况感到忧虑，因此就选拔舜来分管治理工作。舜又派伯益充任火正官，伯益放火焚烧山林和草泽地带，禽兽（无地藏身），只得往四处奔逃躲避。（舜又派）禹修浚（徒骇、太史等）九条河的河道，疏通济水漯水，让河水流入海中，开凿汝、汉、淮、泗等水的河道，把积水从适当的出口处排放出来，一并注入江中。然后中原地带的人

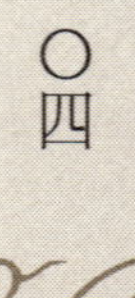

们才有可能种上庄稼，得到饭吃。当这个时候，禹在外面奔忙了八年，三次经过家门都没空回去，（在这种情况下，）就算他想耕种，又哪能成呢？

原文

『后稷[①]教民稼穑，树艺五谷，五谷孰而民人育。人之有道也，饱食、暖衣、逸居而无教，则近于禽兽。圣人有忧之，使契[②]为司徒，教以人伦，——父子有亲，君臣有义，夫妇有别，长幼有序，朋友有信。放勋[③]曰：「劳之来之，匡之直之，辅之翼之，使自得之，又从而振德之。」圣人之忧民如此，而暇耕乎？

『尧以不得舜为己忧，舜以不得禹、皋陶[④]为己忧。夫以百亩之不易为己忧者，农夫也。分人以财谓之惠，教人以善谓之忠，为天下得人者谓之仁。是故以天下与人易，为天下得人难。孔子曰：「大哉尧之为君！惟天为大，惟尧则之，荡荡乎民无能名焉！君哉舜也！巍巍乎有天下而不与焉！」尧舜之治天下，岂无所用其心哉？亦不用于耕耳。

注释

①后稷：相传为周的始祖，名弃。善于种植各种粮食作物，曾在尧、舜时代做农官，教民耕种。②契：人名，传说中商的始祖，姓子。曾任舜的司徒，掌管教化。③放勋：尧的称号，放是大，勋是功劳，原本是史官的赞誉之辞，后来成为尧的称号。④皋陶：人名，相传为虞舜时掌管刑法的官。

译文

『后稷教导老百姓耕种收割，栽培粮食作物；粮食作物成熟了，百姓也就得到了养育。人类的生活规律（往往是这样），吃得饱、穿得暖、住得舒适，要是没有教育，那（他们的生活情趣）就会接近于禽兽。

耙田

耙田是耕作的一种传统方式，传说最早后稷教民耕作时出现，后来随着铁器冶炼技术的成熟，耕作水平也提高不少。

圣人对此又深感忧虑，便派契做（掌管教育的）司徒官，教给人们以人与人之间的道德关系——父子之间要亲爱，君臣之间要有礼义，夫妇之间必须有内外之别，长幼之间必须有尊卑次序，朋友之间得有信用。放勋（尧）对广大百姓天天慰劳他们，纠正他们，帮助他们，使他们各得其所，（遇到困难，）又援救他们，对他们施以恩德。圣人这样（辛勤地为百姓操劳，）还有多余时间去耕田吗？

『尧把得不到舜（这样有力的助手）看做是自己心中忧虑的大事，舜也把得不到禹和皋陶（这样有力的助手）看做是自己心中忧虑的大事。那些把分管的百亩田地没有耕种好看做是自己忧虑的大事的，是农民。把财物分送给人只能算是小惠，教导别人行善可说是一片忠心，（但毕竟受益面不广，时间也有限，）只有为天下得到杰出的人才，才真正称得上是恩德广被的仁。所以把天下让给别人倒容易，为天下挑选到（有能力治理天下的）人才却是（天大的）难事。孔子说：「尧作为帝王的确是伟大啊！（世上）只有天最伟大，（从古以来）只有尧能够效法天，对尧的无边圣德，百姓们简直找不到恰当的词语来形容它！了不起的帝王舜呀！他如此崇高地被拥戴登上帝位，却丝毫不以为乐呢！」尧舜的治理天下，难道不要动脑筋吗？只是也不可能把脑筋用到耕田上去罢了。

原文

『吾闻用夏[①]变夷[②]者，未闻变于夷者也。陈良，楚产也，悦周公、仲尼之道，北学于中国；北方之学者，未能或之先也，彼所谓豪杰之士也。子之兄弟，事之数十年，师死而遂倍之。昔者孔子没，三年之外，门人治任将归，入揖于子贡，相向而哭，皆失声，然后归。子贡反，筑室于场，独居三年，然后归。他日，子夏、子张、子游，以有若似圣人，欲以所事孔子事之，强曾子。曾子曰：「不可。江汉以濯之，秋阳以暴之，皓皓乎不可尚已！」今也南蛮鴃舌之人，非先王之道，子倍子之师而学之，亦异于曾子矣。吾闻出于幽谷、迁于乔木者，未闻下乔木而入于幽谷者。《鲁颂》曰：「戎、狄[③]是膺，荆、舒[④]是惩[⑤]。」周公方且膺之，子是之学，亦为不善变矣。』

注释

①夏：指当时居住中原地区的民族。②夷：古代对东部各族的统称，这里泛指居住于中原地区以外的部族。③戎、狄：北方的异族。④荆、舒：南方的异族。⑤惩：抵御。

译文

『我只听说拿中国的文化习俗去同化边远落后民族的事，没有听说过（让中国人）被边远落后民族同化的。陈良，原是在楚国生长的，他喜爱周公和仲尼的学说，所以跑到北方来向中国学习。北方的学者，没有人能够超过他。他确实算得上是杰出的人物。你们兄弟俩跟他学习了几十年，可是（你们的）老师一死便立即背叛他。从前孔子的去世，（守孝）三年已满，弟子们整理好行李担子将要各自回去，进去向子

贡行礼告别，彼此望着号啕痛哭，声音都嘶哑了，然后才回去。子贡（跟同学们告别）回来后在墓地上建筑了一间屋子，在那里独个儿住了三年，这才回去。后来，子夏、子张和子游由于有若（的相貌）有点像圣人（孔子），想用侍奉孔子的礼节去侍奉他，强迫曾子同意。曾子说：「使不得，（老师给我们的教育，）就像用江汉的水那样洗濯过我们，又像用盛夏的太阳那样曝晒过我们，（使我们志行洁白，意志坚强，）（老师那种）光明高大的境界简直没法达到。」现在（许行）这个来自南蛮满口方言的人，（居然）指责、反对我们古圣先王的法规，你们却背叛你们的老师反过来向他学习，这也就跟曾子完全不同了。我只听说鸟儿总是愿意从幽暗的山谷迁移到高树上去栖息的，却没有听说过从高树上迁下来到幽暗的山谷中去落户的。《鲁颂》说：「要攻击戎狄，痛惩荆舒。」周公正是要攻击他们，你们却向这样的人学习，（你们）可算是不善于变通的人了。」

原文

「从许子之道，则市贾不贰，国中无伪，虽使五尺①之童适市，莫之或欺。布帛长短同，则贾相若；麻缕丝絮轻重同，则贾相若；五谷多寡同，则贾相若；屦大小同，则贾相若。」

曰：「夫物之不齐，物之情也。或相倍蓰，或相什百，或相千万。子比而同之，是乱天下也。巨屦小屦同贾，人岂为之哉？从许子之道，相率而为伪者也，恶能治国家？」

注释

①五尺：古代尺寸短，五尺约相当于现在三尺多一点。

为亲负米

孔子的弟子子路十分孝顺，早年家中贫穷，自己采野菜做饭，却从百里之外负米回家侍奉双亲。父母死后，他做了大官，但想到双亲，心中悲哀不已，常慨叹即便是为父母负米，也不可得。

译文

陈相说：『按照许子的办法去做，就可以使市面上物价一律，国里面没有弄虚作假的；就算是身高不满五尺的孩子上街去（买东西），也不会有人去欺骗他。棉布和丝绸长短一样，价钱也就大同小异；麻线和丝绵的轻重相同，价钱也就大同小异；各种谷物的多少一样，价钱也就大同小异；鞋子大小相同、价钱也就大同小异。』

孟子说：『各种货物的品种质量不一致，这是货物存在的客观情况；有的相差一倍到五倍，有的相差十倍到百倍，有的相差千倍到万倍。你把它们强拉在一起而等同起来，这是要造成天下的混乱。制作粗糙的鞋子和制作精细的鞋子卖同一价钱，人们怎么会干这样的（傻）事呢？按照许子的办法去做，简直是带着人们一同去弄虚作假，怎么能治理好国家呢？！』

原文

墨者[①]夷之因徐辟而求见孟子。孟子曰：『吾固愿见，今吾尚病，病愈，我且往见，夷子不来。』

他日，又求见孟子。孟子曰：『吾今则可以见矣。不直，则道不见，我且直之。吾闻夷子墨者。墨之治丧也，以薄为其道也。

夷子思以易天下，岂以为非是而不贵也；然而夷子葬其亲厚，则是以所贱事亲也。』

徐子以告夷子。

夷子曰：『儒者之道，古之人若保赤子，此言何谓也？之则以为爱无差等，施由亲始。』

徐子以告孟子。

注释

①墨者：墨家学派的人。墨家学派的创始人是墨翟。墨家主张『兼爱』、『尚贤』、『尚同』等，提倡『节用』、『节葬』，反对厚葬。墨家学说反映了当时小生产者的利益。

译文

墨家的门徒夷之通过徐辟的关系要求见孟子。孟子说：『我本来愿意见他，（无奈）现在我还在患病，病好了，我打算去看望他，夷子不必来（这里）。』

过了一些日子，（夷之）又要求谒见孟子。孟子说：『我现在就可以和他见面了。不直接地进行论辩，正确的道理就表现不出来；我准备直接地（和他）进行论辩。我听说夷子是墨家学派的信徒，墨家的办（父母）丧事，把薄葬看做是他们的正道；夷子想拿这个来移风易俗，难道会把这个看做不对而不加崇尚吗？可是夷子却厚葬他的父母，这就无异于是拿他们所轻贱的礼仪去对待双亲了。』

徐子把这些话告诉了夷子。

夷子说：『儒家的学说中确实有过这样的记载，古代的帝王对待老百姓就像爱抚初生的婴儿一样，这句话是什么意思呢？我就认为爱是没有差别的，但是实施这种爱却应该从自己的父母开始。』

董永卖身葬父

孝子对双亲侍奉至笃，尤重葬礼，东汉董永家贫，不得已卖身为奴，换取钱财来安葬父亲。

徐子又恃这些话转告给了孟子。

原文

孟子曰：『夫夷子信以为人之亲其兄之子为若亲其邻之赤子乎？彼有取尔也。赤子匍匐将入井，非赤子之罪也。且天之生物也，使之一本，而夷子二本故也。盖上世尝有不葬其亲者，其亲死，则举而委之于壑。他日过之，狐狸食之，蝇蚋姑嘬之。其颡有泚，睨而不视。夫泚也，非为人泚，中心达于面目，盖归反蔂梩而掩之。掩之诚是也，则孝子仁人之掩其亲，亦必有道矣。』

徐子以告夷子。夷子怃然为间曰：『命之矣。』

译文

孟子说：『那位夷子难道真的认为人们爱他哥哥的孩子和爱他邻居的婴儿是一样的么？古书中（若保赤子）的话是用来打比方才这样说的，（那是说老百姓因为无知而犯法，就像）婴儿在地上爬着快要掉进井里去了，这并不是婴儿的罪过。（其实，平日人们爱自己的侄儿和爱邻居的婴儿还是有所不同的。）而且天生万物，使它们都只有一个根本，而夷子（却主张爱没有差别，认为爱别人的父母，等于爱自己的父母，）提出两个根本，这就是我要驳斥他的

原因。大约上古时候曾经有过不埋葬父母的人，他的父母死了，就把他们的遗骸抬去抛到山沟里去。后来路过那里，看见狐狸在吃它们，苍蝇、蚊子在吮叮它们。（心里难过得）额角冒汗，只是斜着眼睛瞟一下，连正视都不敢。那个人的流汗，并不是为了流给别人看的，而是出于真心难过，自然而然地在面上流露出来。可能他回去取了畚箕和铁锹掩埋了父母的遗体实在是做得对的，这样看来，孝子仁人埋葬他们的父母亲，一定也是有道理的。』

徐子再次把孟子的话告诉了夷子，夷子心中感到茫然若有所失，过了一会儿，说：『我衷心受教了。』

滕文公章句下

陈代①曰：『不见诸侯，宜若小然；今一见之，大则以王，小则以霸。且《志》曰：「枉尺而直寻②。」宜若可为也。』

孟子曰：『昔齐景公田，招虞人以旌，不至，将杀之。志士不忘在沟壑，勇士不忘丧其元。孔子奚取焉？取非其招不往也。如不待其招而往，何哉？且夫枉尺而直寻者，以利言也。如以利，则枉寻直尺而利，亦可为与？昔者赵简子③使王良④与嬖奚⑤乘，终日而不获一禽。嬖奚反命曰：「天下之贱工也。」或以告王良。良曰：「请复之。」强而后可，一朝而获十禽。嬖奚反命曰：「天下之良工也。」简子曰：「我使掌与女乘。」谓王良。良不可，曰：「吾为之范我驰驱，终日不获一；为之诡遇，一朝而获十。《诗》云：『不失其驰，舍矢如破。』我不贯与小人乘，请辞。」御者且羞与射者比，比而得禽兽，虽若丘陵，弗为也。如枉道而从彼，何也？且子过矣；枉己者，未有能直人者也。』

注释

①陈代：孟子的学生。②寻：八尺为一寻。③赵简子：晋国大夫，名赵鞅。④王良：春秋末年著名的善于驾车的人。⑤嬖奚：一个名叫奚的宠臣。

陈代说：『不愿谒见诸侯，未免见得心地太狭小了点呢；假如现在要去谒见他们，弄得好呢，也许可以实行德政。帮助他们统一天下，即使不那么理想，也可以富国强兵，帮助他们称霸于世。况且以前的《志》

书中也说过：「受委屈不过一尺，而得伸直的却是八尺」。（相较之下，）应该说似乎是可以干的。』

孟子说：『从前齐景公去打猎，拿饰有羽毛的旗子召唤主管田猎的小吏，小吏不来见，（景公）将要杀掉他。一个志士仁人正直不苟，不怕惨遭杀戮，尸填沟坑；一个大勇的人临危不乱，哪怕要掉脑袋，（这不是孔子当年赞颂这个管田猎小吏的话么，）孔子赞扬他哪一点呢？就是赞扬他敢于坚守礼义，不接受不合乎礼仪的召唤。如果我不待诸侯以礼相招，便径自去谒见他们，那成什么话呢？而且那些所谓受委屈一尺，却能伸直八尺的话，只是从得到利益的观点而说的。如果单从利益的观点来考虑问题的话，那么只要能得到利益，即使委屈八尺伸直一尺的事，难道也可以干么？从前赵简子派王良替他的宠臣奚赶车（出去打猎），赶了一整天却没有打到一只鸟，奚回来向赵简子汇报道：「（王良简直）是世上最蹩脚的赶车工。」有人把这个话告诉了王良，王良（向赵简子）说：「请让我再给他赶一次车吧。」奚经过勉强劝说然后才答应，一个早上就打到了十只鸟。奚回来在赵简子面前夸奖王良道：「（王良真）是世上最出色的赶车工。」简子说：「那我就派他专门替你赶车。」（简子）把这件事跟王良说，王良不答应，说：「我按照赶车的正当规矩替他赶着车奔驰，却整天打不到一只鸟；不按赶车的正当规矩去赶车，一个早上便打到十只鸟。（可见有问题的不是我的赶车技术，而是他的射猎本领和品德。）《诗》里说过：不违背赶车的正规，箭一发出便定有杀伤。我不习惯替小人赶车子，请您同意我辞去这份差事。」一个赶车的人尚且以与一个不体面的射手合作为可耻；合作后打到的禽兽，尽管堆积如山，也不屑干。你怎么倒反劝我枉曲正道去屈从当今那些骄横无礼的诸侯呢？况且你（在下面这个问题上）弄糊涂了：凡是枉屈自己的人，没有一个能够使别人正直的。』

原文

景春[①]曰：『公孙衍[②]、张仪[③]岂不诚大丈夫哉？一怒而诸侯惧，安居而天下熄。』

孟子曰：『是焉得为大丈夫乎？子未学礼乎？丈夫之冠也，父命之；女子之嫁也，母命之，往送之门，戒之曰：「往之女家，必敬必戒，无违夫子！」以顺为正者，妾妇之道也。居天下之广居，立天下之正位，行天下之大道；得志与民由之，不得志独行其道；富贵不能淫，贫贱不能移，威武不能屈：此之谓大丈夫。』

注释

①景春：战国时纵横家。②公孙衍：魏国人，号犀首，著名的说客。③张仪：魏国人，与苏秦同为纵横家的主要代表。致力于『连横』去服从秦国，与苏秦『合纵』相对。

译文

景春说：『公孙衍、张仪这样的人难道不是真正可称之为大丈夫的么？他们如果发了怒，天下的诸侯便要为之战战兢兢，要是他们安静下来，天下便平安无事了。』

孟子说：『这样的人又怎称得上是大丈夫呢！你没有学过礼吗？男子长大成人行冠礼时，由父亲主持其事，并面加教导；女儿出嫁时，母亲主持其事，将她送到门口，并警告她道：「去到你们家里，一定要恭敬，一定要遇事小心谨慎，不要违背丈夫的意志！」以婉顺为准则的，是妇人女子之道。只有住在（「仁」这个）天下最宽大的住宅里，站在（『礼』这个）天下最正确的位置上，走在（『义』这个）天下最正大的道路上，得志时跟老百姓一起循着这条道路前进，不得志时便独个儿照这个行事，厚禄高官不能扰乱我的心，家贫位卑不能改变我的行，威力相逼不能改变我的志向，这样的人才称得上是大丈夫。』

于谦

于谦是明朝的名臣，为人刚直不阿，在明英宗土木堡之变后力挽狂澜，救大明朝于水火之中。面对各种势力的威胁，他始终不动摇，力抗金兵，解救民众。于谦这种人才是真正的『富贵不能淫，贫贱不能移，威武不能屈』的大丈夫。

原文

周霄[①]问曰：『古之君子仕乎？』

孟子曰：『仕。《传》曰：「孔子三月无君，则皇皇如也，出疆必载质。」公明仪曰：「古之人三月无君，则吊。」』

『三月无君则吊，不以急乎？』

曰：『士之失位也，犹诸侯之失国家也。《礼》曰：「诸侯耕助[②]，以供粢盛；夫人蚕缫，以为衣服。牺牲不成，粢盛不洁，衣服不备，不敢以祭。惟士无田，则亦不祭。」牲杀、器皿、衣服不备，不敢以祭，则不敢以宴，亦不足吊乎？』

注释

①周霄：战国时魏人。②耕助：即『耕藉』。藉，藉田，帝王亲耕之田。古代每到开春，都有耕藉之礼，以示重视农业。其礼先由天子亲耕，然后三公九卿诸侯大夫等依次躬耕。

译文

周霄问道：『古代的君子做官吗？』

孟子说：『做官。上代的传记里就说过：「孔子只要三个月没有君主任命他做官，就感到心神不安，离开国境一定要随身携带进谒别的国君的见面礼。」公明仪也说：「古代的人三个月不侍奉君主，朋友亲戚便要登门向他进行慰问。」』

周霄紧接着问：『三个月没有君主侍奉便要进行慰问，不是有点太急了吗？』

孟子说：『士人失掉职位，就像诸侯失掉了国家一样。《礼》书上说：「诸侯带带头参加藉田的耕种工作，就是为了供给祭品，诸侯夫人带头养蚕缫丝，就是为了供给祭服。祭祀用的牲畜养得不肥硕，粮食谷物不洁净，衣服不完备，不敢用来祭祀（祖先神祇）。士人要是没有供祭祀用的『圭田』，也就没有资格祭祀。」（祭祀用的）牲畜、器皿、衣服不完备，不敢用来祭祀，也就不敢用来摆宴席款待宾客，难道这还不该去进行慰问吗？』

原文

『出疆必载质，何也？』

曰：『士之仕也，犹农夫之耕也；农夫岂为出疆舍其耒耜哉？』

曰：『晋国亦仕国也，未尝闻仕如此其急。仕如此其急也，君子之难仕，何也？』曰：『丈夫生而愿为之有室；女子生而愿为之有家。父母之心，人皆有之。不待父母之命、媒妁之言，钻穴隙相窥，逾墙相从，则父母国人皆贱之。古之人未尝不欲仕也，又恶不由其道。不由其道而往者，与钻穴隙之类也。』

译文

周霄又问：『离开国境一定要携带谒见别国君主的见面礼，这是为什么呢？』

孟子回答道：『士人要做官，就跟农夫要种田一样，农夫怎么会因为背井离乡而抛下他的农具不要呢？』

周霄又说：『我们魏国也是一个可以做官的国家，我从未听说过想做官竟到如此迫切的地步。想做官

到了如此迫切的地步，君子却又偏偏这样难于做官，这又是为什么呢？』孟子说：『男孩子一生下来（做父母的）便愿意替他找个好妻室，女孩子一生下来（做父母的）便愿意替她找个称心如意的丈夫；当父母的这种心情，人人都会有吧！可要是（做女儿的）不经过父母的许可、媒人的介绍，便扒墙打洞互相偷看，甚至爬过去进行幽会，那么父母和社会上的人士便都要瞧不起他们。古代的人不是不想做官，但又讨厌那种做官不择手段的行径。不经过正当门路而去做官的勾当，就跟男女扒墙打洞偷情幽会的丑行一样为人所不齿。』

原文

彭更[1]问曰：『后车数十乘，从者数百人，以传食[2]于诸侯，不以泰乎？』

孟子曰：『非其道，则一箪食不可受于人；如其道，则舜受尧之天下，不以为泰——子以为泰乎？』

曰：『否。士无事而食，不可也。』

曰：『子不通功易事，以羡补不足，则农有余粟，女有余布；子如通之，则梓、匠、轮、舆皆得食于子。于此有人焉，入则孝，出则悌，守先王之道，以待后之学者，而不得食于子。子何尊梓、匠、轮、舆，而轻为仁义者哉？』

注释

①彭更：孟子弟子。②传食：指住在诸侯的驿舍（宾馆）里接受饮食。传，驿舍，相当于今天的宾馆。

译文

彭更问道：『随队的车辆几十部，带领的学生几百人，在诸侯的客馆里辗转地受到款待，这有点太过分吧？』

先圣小像

孔子四体不勤、五谷不分，但是学识渊博，为人圣贤，守先王之道，门徒遍天下。故而虽在当时未得重用，但是被后人尊为圣人，地位之高无人能及。

孟子：『要是不合理，就算是一筐子饭也不可以接受别人的；要是合理的话，就是舜接受尧让给他的天下，也称不上过分，你认为过分吗？』

彭更说：『我不是这个意思；（我认为）士人不干具体工作，却接受人家的奉养，那是不可以的。』

孟子说：『你如果不实行各司其业，互换劳动产品，使各人拿自己多余的产品去补助别人的不足，那么，农民就会有剩余的粮食，妇女就会有剩余的布匹，（别人却缺衣少食；）你要是实行互通有无，那么，木匠、车工就都能从你那里得到供养。现在这里有个人，回到家里就孝顺父母，出到外面就尊敬长上，谨守古代圣王的法规，用这个来扶持、培养后来的学者，却得不到你的供养，你为什么这样尊敬木匠、车工，却瞧不起行仁义的人呢？』

原文

曰：『梓、匠、轮、舆，其志将以求食也；君子之为道也，其志亦将以求食与？』

曰：『子何以其志为哉！其有功于子，可食而食之矣。且子食志乎？食功乎？』

曰：『食志。』

曰：『有人于此，毁瓦画墁，其志将以求食也，则子食之乎？』

曰：『否。』

曰：『然则子非食志也，食功也。』

译文

彭更说：『木匠、车工（从事劳动），他们的目的在于解决吃饭问题，君子们学习、施行圣人之道，难道也是为了解决吃饭问题吗？』

孟子说：『你为什么专拿他们的动机目的来说呢！他对你有功绩，你认为可受给养才给他给养。况且你是根据他的目的动机给他给养呢？还是根据他的功绩贡献才给他给养呢？』

彭更说：『根据他的动机目的。』

孟子说：『现在有个人在这里，打碎屋上的瓦，划破粉刷得好好的墙壁，他这样做的目的在于要饭吃，那么你给不给他饭吃呢？』

彭更说：『不能给。』

孟子说：『那么，你给人给养不是根据动机目的，而是根据功绩贡献啊。』

万章[1]问曰：『宋，小国也，今将行王政，齐楚恶而伐之，则如之何？』

孟子曰：『汤居亳[2]，与葛为邻，葛伯放而不祀。汤使人问之曰：「何为不祀？」曰：「无以供牺牲也。」

轧蔗取浆图

匠人、农民等人从事劳动，目的就是为了解决生存问题。他们凭借自己的劳动结果挣得自己所需，养活自己，多劳多得，这是根据他们的功绩来得到给养。

汤使遗之牛羊。葛伯食之，又不以祀。汤又使人问之曰：「何为不祀？」曰：「无以供粢盛也。」汤使亳众往为之耕，老弱馈食。葛伯率其民，要其有酒食黍稻者夺之，不授者杀之。有童子以黍肉饷，杀而夺之。《书》曰：「葛伯仇饷。」此之谓也。为其杀是童子而征之，四海之内皆曰：「非富天下也，为匹夫匹妇复仇也。」「汤始征，自葛载。」十一征而无敌于天下。东面而征西夷怨，南面而征北狄怨，曰：「奚为后我？」民之望之，若大旱之望雨也。归市者弗止，芸者不变。诛其君，吊其民，如时雨降，民大悦。《书》曰：「徯我后，后来其无罚！」

注释

①万章：孟子弟子。②亳：邑名，在今河南商丘县境内。

译文

万章问道：『宋国是个小国家，现在准备要实行王政，齐楚两国却妒恨它这种善行，出兵攻打它，那该怎么办呢？』

孟子说：『（当年）商汤居住在亳城，和葛国相邻，葛伯十分放肆，又不祭祀祖先神灵。汤派人去责问他：「为什么不祭祀呢？」（葛伯）回答说：「没有力量备办供祭祀用的牛羊。」汤便派人赠送

牛羊给他，葛怕吃掉它们，并不拿去供祭祀。汤又打发人去责问他：「为什么不祭祀呢？」回答说：「没有力量备办供祭祀用的粮米。」汤便派遣亳地的群众去替他耕种，老弱一些的人便去（给耕田的人）送饭。葛伯却带领他的老百姓（中途）拦住那携着酒食饭菜的送饭人进行抢夺，不给的便杀掉。有个孩子携着饭和肉送到田间去，（他们）抢走肉饭，孩子也被杀害了。《书》中说：「葛伯跟送田饭的人为仇。」说的就是这回事。只是因为他杀死这个孩子，汤才出兵讨伐他，普天下的人都说：「（汤的出兵，）不是想夺取天下的财富，而是为平民老百姓报仇。」（《书》上还说：）「汤的讨伐有罪的人，是从葛伯开始的。」一共进行了十一次征伐，普天之下没有遇到敌手。向东面出师讨伐时，西面的部族便要埋怨，向南面出师讨伐时，北面的部族便要埋怨，（他们）说：「为什么要把我们放在后面（而不先来攻打）呢？」老百姓盼望汤的讨伐之师，就像天大旱的日子里盼望着下雨一样；（即使在战争的日子里，）做买卖的人没有闭市，除草的人没有停下他们除草的工作。惩罚那些暴虐的君主，安抚那些无辜的老百姓，就像天降下一场及时的大雨，老百姓皆大欢喜。《书》中说：「（我们）恭候着我们君王的到来，君王来了我们就不再受罪了。」

原文

『「有攸不惟臣，东征，绥厥士女；篚厥玄黄，绍我周王见休，惟臣附于大邑周。」其君子实玄黄于篚，以迎其君子；其小人箪食壶浆，以迎其小人。救民于水火之中，取其残而已矣。《大誓》曰：「我武惟扬，侵于[①]之疆，则取于残，杀伐用张，于汤有光。」不行王政云尔；苟行王政，四海之内，皆举首而望之，欲以为君。齐楚虽大，何畏焉？』

妲己害政

商纣王是历史上有名的暴君，宠信妲己，残害大臣与黎民。百姓都对他怨恨不已，周武王带兵攻打商纣王，商朝士兵阵前倒戈，反攻商纣王。

注释

①于：即邘，古国名。下『取于残』之『于』同。

译文

『《周书》中有过这样的记载：（商朝）有些人不想臣服于周，所以武王才出师东征，去安抚那里的男女民众。（当周师东征的时候，）商朝的官吏都愿把黑色和黄色的绢绸装在竹篮里作为礼物，拿这个自我介绍进见周王，争取周王的好感，使自己能臣服于大周国。』那些官吏们把黑色和黄色的绢绸装在竹篮里，带去迎接（周国的）官吏；那些老百姓提着饭篮和茶水去接（周国的）士兵们。（可见武王出师攻打商纣，）为的不过是从水火中解救出（商朝的）老百姓，把残害他们的暴君除掉罢了。《太誓》里就说过：『发扬我们的威武，攻进邘国的疆土，除掉邘国害民的暴君，以此张大杀伐之功，那就比商汤还要更有荣光。』只怕宋（君）不肯实行王政；如果真的能实行王政，普天之下的君民都抬起头来企望着他，想拥戴他为天下人的君主；齐国和楚国就算强大，又有什么可怕呢？』

原文

孟子谓戴不胜[1]曰：『子欲子之王之善与？我明告子。有楚大

唐太宗面斥佞臣

环境对人的影响非常重要，所以贤明的君主都希望能够远离小人，亲近忠臣。历史上因为佞臣而祸国殃民的事情并不鲜见。唐太宗李世民因为吸取了前代的经验，所以特别注意疏远小人。宇文士及对太宗阿谀奉承，太宗毫不留情地当面斥责了他。

夫于此，欲其子之齐语也，则使齐人傅诸？使楚人傅诸？』

曰：『使齐人傅之。』

曰：『一齐人傅之，众楚人咻之，虽日挞而求其齐也，不可得矣；引而置之庄、岳②之间数年，虽日挞而求其楚，亦不可得矣。子谓薛居州，善士也，使之居于王所。在于王所者，长幼卑尊皆薛居州③也，王谁与为不善？在王所者，长幼卑尊皆非薛居州也，王谁与为善？一薛居州，独如宋王何？』

注释

①戴不胜：人名，宋国大臣。②庄岳：庄，街名；岳，里名，都在齐都城临淄城内。这里代指齐都中的闹市区。③薛居州：宋国人。

译文

孟子对戴不胜说：『你想你的君王朝好的方向走么？我明白地告诉你。如果有个楚国的大夫在这里，想使他的儿子学会讲齐国话，那么是让齐国人教他呢？还是让楚国人教他呢？』

戴不胜答道：『派齐国人教他。』

孟子说：『一个齐国人教他，许多个楚国人（在旁边）吵吵嚷嚷干扰他，那尽管天天鞭打他，要他学会讲齐国话，也是办不到的；要是把他领去放在齐国的庄、岳这的闹市住上几年，那么你就是天天鞭打他，要他恢复讲楚国话，也是办不到的。你说薛居州是个好人，推荐他住在宋王宫中。如果住在王宫中的人，无论年长、年幼、地位低、地位高的都是像薛居州一样的好人，那宋王又跟谁去干坏事呢？如果住在王宫中的人，年长、年幼、地位低、地位高的都不是像薛居州一样的好人，那宋王又跟谁去做好事呢？仅仅一个薛居州，怎么影响宋王呢？』

原文

公孙丑问曰：『不见诸侯何义？』

孟子曰：『古者不为臣不见。段干木[①]逾垣而辟之，泄柳[②]闭门而不内，是皆已甚；迫，斯可以见矣。阳货欲见孔子，而恶无礼，大夫有赐于士，不得受于其家，则往拜其门。阳货瞰孔子之亡也，而馈孔子蒸豚；孔子亦瞰其亡也，而往拜之。当是时，阳货先，岂得不见？曾子曰：「胁肩谄笑，病于夏畦。」子路曰：「未同而言，观其色赧赧然，非由之所知也。」由是观之，则君子之所养，可知已矣。』

注释

①段干木：姓段干，名木，晋国人，孔子弟子子夏的弟子，清高而不屑为官。魏文侯去拜访他，他却翻墙逃走不见。②泄柳：鲁缪公时的贤者。

译文

公孙丑问道：『您不愿谒见诸侯是什么意思呢？』

孟子说：『古代的惯例，没有当诸侯的臣子，便不去谒见他。段干木跳墙躲避魏文侯，泄柳关起门来

严子陵

严子陵尊崇高义，不慕权贵，是后世人景仰的对象。他受到王莽的多次邀约，坚持不出。后好友刘秀做了皇帝，殷切相请，他看到官场的倾轧，便辞让不出，在富春江边隐居垂钓。

不接受鲁缪公的访问，这都已做得太过分了；要是对方逼着要见你，那还是可以见的。阳货想使孔子来见自己，但又怕失礼，（按当时的规定，）大夫如果赏赐东西给士，士要是正好不在家时，不能在家里接受大夫的赏赐，就应该到大夫家登门拜谢。阳货打听到孔子不在家时，便赐给孔子一个蒸猪腿；孔子也窥伺到阳货不在家时，径到他家去拜谢。当这时，阳货先去赐东西给孔子，（孔子）怎么好不去回拜他呢？曾子说过：「耸起两个肩头，（向人家）装出一幅讨好的笑脸，那真比盛夏的日子里到菜地去浇菜还要苦呢。」子路也说过：「明明跟这个人志趣不相投，却要勉强去和人家扳谈，看看他那羞惭得满脸涨红的样子，我真不知道为什么而来。」从上面这些事例看来，一个君子应该如何来培养自己的品德和操守就可以一目了然了。』

戴盈之①曰：『什一，去关市之征，今兹未能；请轻之，以待来年，然后已，何如？』

孟子曰：『今有人日攘其邻之鸡者，或告之曰：「是非君子之道。」曰：「请损之，月攘一鸡，以待来年，然后已。」如知其非义，斯速已矣，何待来年？』

注释

①戴盈之：宋国大夫。

译文

戴盈之说：『恢复古代十分取一的税法，废除关卡和市上对商品的征税制度，今年还不能做到，现在请先减轻一些税收，以便等到明年，再全都废除，怎么样？』

孟子说：『（譬如）现在有个每天偷邻居一只鸡的人，有人告诫他说：「这个不是君子应有的行为。」他回答道：『请先减少一点，一个月偷一只鸡，等到明年，再洗手不干。」假如知道那件事做得不对，就该立即罢手，为什么要等到明年呢？』

原文

公都子[1]曰：『外人皆称夫子好辩，敢问何也？』

孟子曰：『予岂好辩哉？予不得已也。天下之生久矣，一治一乱。当尧之时，水逆行，泛滥于中国，蛇龙居之，民无所定，下者为巢，上者为营窟。《书》曰：「洚水警余。」洚水者，洪水也。使禹治之，禹掘地而注之海，驱蛇龙而放之菹。水由地中行，江、淮、河、汉是也。险阻既远，鸟兽之害人者消，然后人得平土而居之。

『尧舜既没，圣人之道衰，暴君代作，坏宫室以为污池，民无所安息；弃田以为园囿，使民不得衣食。邪说暴行又作，园囿、污池、沛泽多而禽兽至。及纣之身，天下又大乱。周公相武王，诛纣伐奄[2]，三年讨其君，驱飞廉[3]于海隅而戮之，灭国者五十，驱虎、豹、犀、象而远之，天下大悦。《书》曰：「丕显哉，

君臣惕益

尧命禹治水，禹采用疏导的方法，将洪水制服。于是天下安定，民众欣喜。尧因此封禹为司空，赐姓姒氏。后尧退位，由舜接替。

文王谟！丕承哉，武王烈！佑启我后人，咸以正无缺。』

注释

①公都子：孟子弟子。②奄：国名，原附属商，其地在今山东省曲阜附近。周公伐奄是周成王时的事。③飞廉：商纣王的宠臣。

译文

公都子说：『外面的人都说老师您喜欢辩论，请问这是什么原因呢？』

孟子说：『我难道是喜欢辩论么？我（实在是）不得已呢。人类社会产生已经很久了，治世和乱世总是轮换着出现。当尧的时候，洪水横流，在全国泛滥，到处被龙蛇盘踞，老百姓没有地方定居，低洼地方的人只好在树上搭窝，高地的人便凿成一个连一个的窑洞。《尚书》中说：『洚水警诫了我们。』——洚水就是洪水。（当时尧）派禹治水。禹挖通河道把洪水导入海中，又把（那些为害人们的）龙蛇驱逐到草泽中去；（于是）水便被纳入河道中流，这就是长江、淮水、黄河和汉水。洪水给人们带来的危险和不方便已经没有了，为害人们的鸟兽之灾也消除了，然后人们才得以回到平地

上来安居。

『尧舜去世后，圣人（治国爱民）之道就逐渐衰微了，暴虐的君主代代都产生过，（他们）拆毁民房来挖成深池，弄得老百姓无处安居；破坏农田来做园林，坏了老百姓的衣食。（于是）荒谬的学说和残暴的行为又出现了，园林、池沼、草泽一多了，禽兽也就随之而来了。到了商纣的时候，天下又发生了大乱。（于是）周公辅佐武王，出兵攻打纣王，并讨伐（助纣为虐的）奄国，三年之内，诛杀了纣王，把纣王手下的坏臣子飞廉赶到海边上杀死了。被消灭的国家多达五十个，赶着老虎、豹子、犀牛、大象远逃别处，天下的老百姓（对此）十分高兴。《尚书》里说：「多高明啊，文王的谋略！多无愧于先人啊，武王的功绩！帮助启发了我们后一辈，都能够因此正确地遵行王道，没有亏损的地方。」

原文

『世衰道微，邪说暴行有作，臣弑其君者有之，子弑其父者有之。孔子惧，作《春秋》。《春秋》，天子之事也。是故孔子曰：「知我者其惟《春秋》乎！罪我者其惟《春秋》乎！」

『圣王不作，诸侯放恣，处士横议，杨朱①、墨翟之言盈天下。天下之言不归杨，则归墨。杨氏为我，是无君也；墨氏兼爱，是无父也。无父无君，是禽兽也。公明仪曰：「庖有肥肉，厩有肥马，民有饥色，野有饿莩。此率兽而食人也。」杨墨之道不息，孔子之道不著，是邪说诬民，充塞仁义也。仁义充塞，则率兽食人，人将相食。吾为此惧，闲先圣之道，距杨墨，放淫辞，邪说者不得作。作于其心，害于其事；作于其事，害于其政。圣人复起，不易吾言矣。

『昔者禹抑洪水而天下平，周公兼夷狄、驱猛兽而百姓宁，孔子成《春秋》而乱臣贼子惧。《诗》云：「戎

禹庙松涛

禹陵又称禹庙，位于浙江会稽山麓，是后世人为了纪念禹的功绩而建。禹治水十三年，三过家门而不入，治水成功后，来到这里的会稽山庆功，死后也葬在这里，因此后世人便建了大禹陵来纪念他。

狄是膺，荆舒是惩，则莫我敢承。』无父无君，是周公所膺也。我亦欲正人心，息邪说，距诐行，放淫辞，以承三圣者，岂好辩哉？予不得已也！能言距杨、墨者，圣人之徒也。』

注释

①杨朱：战国初期思想家，魏国人，字子居，又称杨子、阳子或阳生。他主张『为我』、『全性葆真』，不拔一毛以利天下，与墨翟的『兼爱』主张相反。

译文

『［（不久）世风日渐衰微，王道衰微，荒谬的学说和残暴的行为又出现了，臣子杀害君主的事有，儿子杀害父亲的事也有。孔子（对此）深感忧惧，便写了《春秋》这部书。《春秋》（对天子、诸侯、大夫『褒善贬恶』，）是天子权限内的事；所以孔子说：『了解我的，怕只在《春秋》这部书吧！责怪我的，恐怕也是《春秋》这部书吧！』

『圣明的帝王没有产生，诸侯们的横行无忌，为所欲为，一些在下面的学者们乱发议论，不顾影响，杨朱、墨翟的学说盛极一时，几乎到了满天飞的地步，一般人的论调不属杨派，就属墨派。杨派一切为了自己，这是目无君主；墨派主张不分亲疏，一视同仁，这是目无父母。目无君主和父母，这是禽兽的行为。公明仪说：「厨房里摆着肥肉，马栏里喂着肥马；（可是，）老百姓却饿得面黄肌瘦，野外到处摆着饿死者的尸体，这无异于是带领着野兽去吃人。」杨派、墨派的学说不停止流行，孔子的学说便得不到发扬光大，这简直是任从邪说坑害老百姓，阻塞仁义的道路。仁义的道路一被阻塞，这就等于是带领野兽去吃人，一定会出现人吃人的惨状。我对这个深感忧惧，（所以，挺身而出，）学习和捍卫先代圣人的学说，抨击杨派和墨派，驳斥那些乌七八糟的言论，使荒谬学说的制造者再找不到市场。（这种荒谬的学说，）从心里产生出来，便要给工作带来危害，工作受了危害，也就危害了整个政治。（我想）后世再有圣人出现，也不会改变我这些话的。

『从前，大禹治好了洪水，天下就太平了，周公征服了夷狄，赶走了猛兽，老百姓便安宁了，孔子著成了《春秋》，（褒善贬恶，）那些胡作非为的乱臣贼子便感到十分害怕。《诗》里说：「（我）一攻打戎狄，惩罚刑舒，就没有人敢抵挡我了。」那些目无君主父母的人，便正是周公所要惩罚的对象。我也要端正人心，根绝谬论，反对阴险的行径，驳斥无耻的谎言，来继承大禹、周公、孔子三位大圣人的业绩；我难道是喜欢辩论吗？实在是为情所逼啊。只要是能够著书立言以反对杨、墨学派的人，便不愧是圣人的门徒了。』

原文

匡章[①]曰：『陈仲子[②]，岂不诚廉士哉！居于陵，三日不食，耳无闻，目无见也。井上有李，螬食实者过半矣，匍匐往将食之；三咽，然后耳有闻，目有见。』

孟子曰：『于齐国之士，吾必以仲子为巨擘焉。虽然，仲子恶能廉？充仲子之操，则蚓而后可者也。夫蚓，上食槁壤，下饮黄泉。仲子所居之室，伯夷之所筑与？抑亦盗跖[③]之所筑与？所食之粟，伯夷之所树与？

抑亦盗跖之所树与？是未可知也。』

注释

①匡章：齐国名将，其言行见于《战国策·齐策》和《吕氏春秋·不屈》。②陈仲子：齐国人，世称陈仲、田仲，又称於陵仲子。《淮南子·氾论训》说他『不入洿（同污）君之朝，不食乱世之食，遂饿而死』。③盗跖：春秋时有名的大盗，姓展，名跖，柳下惠的兄弟。这里以盗跖代表恶人。

译文

匡章说：『陈仲子难道不是个廉洁的人么？（他）住在於陵，三天没有吃什么，（已经饿得）耳朵听不到声音，眼睛看不见东西了。井台上有只（从树上掉下的）李子，桃核虫咬食了它的大半果肉，（他无力地）爬上前去，捡起这个李子来就吃，（也顾不上细细咀嚼）吞咽了三口，这才恢复了耳朵的听觉和眼睛的视觉。』

孟子说：『在齐国的人士中，毫无疑问我将推仲子为首屈一指的人物。尽管如此，但仲子又怎么称得上廉洁呢？如果要彻底实现仲子的操守，那就只有变成蚯蚓然后才可以，蚯蚓这种虫，在地面上吃干巴巴的尘土，在地层深处饮清洁的黄泉。仲子所住的房子，是伯夷建造的呢？还是盗跖建造的呢？所吃的粮食，是伯夷种的呢？还是盗跖种的呢？这些都是不能知道的。』

原文

曰：『是何伤哉？彼身织屦，妻辟纑，以易之也。』

曰：『仲子，齐之世家也；兄戴，盖[①]禄万钟。以兄之禄为不义之禄而不食也，以兄之室为不义之室而不居也，辟兄离母，处于於陵。他日归，则有馈其兄生鹅者，已频顣曰：「恶用是鶃鶃[②]者为哉？」他日，

其母杀是鹅也，与之食之。其兄自外至，曰：「是鶃鶃之肉也。」出而哇之。以母则不食，以妻则食之；以兄之室则弗居，以於陵则居之。是尚为能充其类也乎？若仲子者，蚓而后充其操者也。」

注释

①盖：齐国地名，是陈戴的食邑。②鶃鶃：鹅叫声。

译文

匡章说：「这打什么紧呢？他亲自编织草鞋，老婆绩麻搓线，拿去换吃的、住的。」

孟子说：「仲子，出身齐国的世族家庭；他的哥哥陈戴，封地盖邑每年能收到禄米几万石；（仲子）认为他哥哥的俸禄是不义的财物，便不食用；认为哥哥的房子是不义的产业，便不居住，避开哥哥，脱离母亲，（一个人）住在於陵。后来有一天回家看望母亲，正好碰上有个送一只活鹅给他哥哥的人。（仲子）独自皱着眉头：「要这只呃呃叫的怪东西派什么用场呢？」过了些日子，他的母亲杀了这只鹅，拿给他吃。（当他正吃的时候）他哥哥从外面跑了进来，说：「这便是那个呃呃叫的怪东西的肉。」（仲子一听，）便跑到外面去，「哇」的一声全都吐出来了。因为是母亲的东西便不吃，因为是妻子的东西便吃了；因为是哥哥的房子不住，因为是於陵的地方便住下，这样还能算是廉洁到顶了吗？像仲子这样的人，恐怕只有把自己变成蚯蚓然后才能把廉洁之风推向顶点吧。」

离娄章句上

原文

孟子曰：『离娄①之明、公输子②之巧，不以规矩，不能成方员；师旷③之聪，不以六律④，不能正五音⑤；尧舜之道，不以仁政，不能平治天下。今有仁心仁闻，而民不被其泽，不可法于后世者，不行先王之道也。故曰，徒善，不足以为政；徒法，不能以自行。《诗》云：「不愆不忘，率由旧章。」遵先王之法而过者，未之有也。圣人既竭目力焉，继之以规矩准绳，以为方员平直，不可胜用也；既竭耳力焉，继之以六律正五音，不可胜用也；既竭心思焉，继之以不忍人之政，而仁覆天下矣。故曰，为高必因丘陵，为下必因川泽；为政不因先王之道，可谓智乎？

注释

①离娄：相传为黄帝时人，目力极强，能于百步之外望见秋毫之末。②公输子：即公输班（『班』也被写成『般』、『盘』），鲁国人，所以又叫鲁班，古代著名的巧匠。约生活于鲁定公或者哀公的时代，年岁比孔子小，比墨子大。事迹见于《礼记·檀弓》、《战国策》、《墨子》等书。③师旷：春秋时晋国的乐师，古代极有名的音乐家。④六律：中国古代将音律分为阴吕、阳律两部分，各有六种音。六律即阳律的六音，分别是太簇、姑洗、获宾、夷则、无射、黄钟。⑤五音：中国古代音阶名称，即宫、商、角、徵、羽，相当于简谱中 这五音。

译文

孟子说：『就算有离娄那样明敏的视力，公输般那样精巧的手艺，如果不用圆规和曲尺，就不能画出准确的方形和圆形；就算有师旷那样强的辨音能力，如果不用六律，就不能校正好五音；就算有尧舜那样高明的政治素养，如果不实行仁政，就不能把天下治理好。现在（一些诸侯）尽管有仁爱的心思和仁爱的声望，可是老百姓却不能蒙受他们的恩泽，也不足为后世的人所效法的原因，就是因为他们不能奉行先代圣王之道。所以说，单有善念不够凭借来办好政治，只有良法不能自动执行，（只有二者密切配合，才能做到法行政举。）《诗》里说过：「不要犯偏差，也不要有所遗漏，一切循照旧的规章。」遵循古先圣王的法规行事而产生过失，几乎是从来没有的事。古代圣人既竭尽自己的目力进行测视，接着又用圆规、曲尺、水平仪和绳墨来造方的、圆的、平的、直的各种东西，那些东西便用之不尽了；（古代圣人）既竭尽自己的听力来辨音，接着又用六律来校正五音，这种经过校正的音调也就用之不尽了。（古代圣王）既竭尽心思来考虑政事，接着又实行了从不忍人出发的仁政，这样他的仁爱便广被天下万民了。所以说，堆高山就必须凭借原有的丘陵高地，挖深池就必须利用原有的河流沼泽。办理政治不凭借（行之有效的）古先圣王之道，能称得上是明智吗？

原文

『是以惟仁者宜在高位，不仁而在高位，是播其恶于众也。上无道揆也，下无法守也，朝不信道，工不信度，君子犯义，小人犯刑：国之所存者，幸也。故曰，城郭不完，兵甲不多，非国之灾也；田野不辟，货财不聚，非国之害也。上无礼，下无学，贼民兴，丧无日矣。《诗》曰：「天之方蹶，无然泄泄！」泄泄，犹沓沓也。事君无义，进退无礼，言则非先王之道者，犹沓沓也。故曰，责难于君谓之恭，陈善闭邪谓之敬，吾君不能谓之贼。』

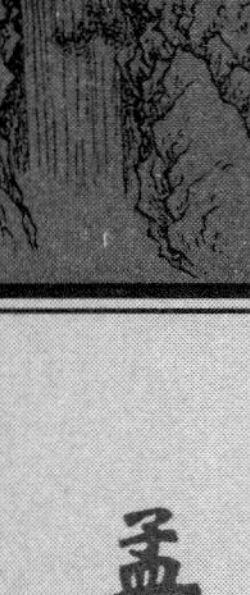

译文

『所以只有仁爱的人才适合处在较高的统治地位上；不仁爱的人处在较高的位子上，这就等于把他的劣迹散播到群众中去。在上的国君没有掌握正确的道术用以揣测天意民心，在下的臣民没有正确的法度可供遵守，朝廷上不相信道义，下面的工匠们否认尺度，做官的人违反义理，老百姓轻犯刑法，（在这样的情况下）国家还能存在，那真是侥幸的事。所以说，城墙不坚牢，武器装备不足，不是国家的灾难；农田没有开发，财富没有收聚，不是国家的祸害；（只有）在上位的人不讲礼义，居于臣下的人又不愿意学习，造反的老百姓起来了，那亡国的日子就没有多远了。《诗》里又说：「老天正要降祸乱，不要多嘴多舌来附和。」「泄泄」和「沓沓」差不多，都是嘈杂多言随声附和的意思。事君不过问做得对不对，进退不讲究礼法，开口便诋毁先代圣王之道，这种人跟多言无义的「沓沓」者是一路货色。所以，责求君主行他所认为难行的事——即行先王的仁政，就叫做「恭」，向君主陈说善道，阻塞邪念，就叫做「敬」，认为「我的君主不能行仁政」，就叫做「贼」（有贼害的意思）。』

嬖佞戮贤

国君是一国之尊，是民众的准则，如果国君行为不正，底下纲纪也不容易实施。西汉时哀帝宠信董贤，甚至升他为大司马，也纳他的妹妹做昭仪，并让董贤与其妻一同入宫侍奉。著名的『断袖之癖』就源于此。哀帝为了董贤，不惜与大臣决裂，杀害了几名劝谏疏远董贤的官员。

原文

孟子曰：『规矩，方员之至也；圣人，人伦之至也。欲为君，尽君道；欲为臣，尽臣道。二者皆法尧舜而已矣。不以舜之所以事尧事君，不敬其君者也；不以尧之所以治民治民，贼其民者也。孔子曰：「道二，仁与不仁而已矣。」暴其民甚，则身弑国亡；不甚，则身危国削。名之曰「幽」、「厉」[①]，虽孝子慈孙，百世不能改也。《诗》云：「殷鉴不远，在夏后之世。」此之谓也。』

注释

①幽、厉：谥号名。《逸周书·谥法解》说：『动祭乱常曰幽，杀戮无辜曰厉。』

译文

孟子说：『圆规和曲尺，是最方最圆无以复加的极则，（同样，）古代圣人也是做人到达尽善尽美地步的极限。想做（一个好的）君主，便要尽君主之道；想做（一个好的）臣子，便要尽臣子之道。二者都不过是要效法尧舜罢了。不用舜侍奉尧的忠诚态度侍奉自己的君主，便是不尊敬君主的人；不用尧治理百姓的挚爱心情治理自己的百姓，便是残害百姓的人。』孔子说过：『治理国家的方法不外两种，也即是行仁政与不行仁政罢了。』（一个君主）残暴地虐待他的老百姓，（其后果是：）重则本身被杀，国家灭亡；轻则本身危险，国势削弱；死后蒙上「幽」「厉」的恶名，后代尽管出了有作为的子孙，那怕经过了百多代，也是更改不了这种坏名声的。《诗》里的这么两句话：「殷商的鉴戒并不在远，就在夏的朝代。」说的就是这个意思。』

原文

孟子曰：『三代之得天下也以仁，其失天下也以不仁。国之所以废兴存亡者亦然。天子不仁，不保四海；

诸侯不仁，不保社稷；卿大夫不仁，不保宗庙；士庶人不仁，不保四体。今恶死亡而乐不仁，是犹恶醉而强酒。』

译文

孟子说：『夏商周三代的开国之君禹、汤、文武的得到天下是由于仁爱，它们的末代君主桀、纣、幽厉的失去天下则是因为不施行仁政。诸侯国家兴盛、衰败和生存、灭亡的原因就正在于此。天子要是不仁，就不能保住四海之内的土地（即天下）；诸侯要是不仁，就不能保住国家；公卿大夫要是不仁，就不能保住祖先的宗庙；士子和老百姓要是不仁，就不能保全自己的身体。现在有些人讨厌死亡，但却乐意干坏事，这就跟不喜欢喝醉酒却又偏偏要勉强去喝酒的人一样。』

原文

孟子曰：『爱人不亲，反其仁；治人不治，反其智；礼人不答，反其敬。行有不得者，皆反求诸己，其身正，而天下归之。《诗》云：「永言配命，自求多福。」』

译文

孟子说：『自己爱别人，别人却不爱自己，自己便需要反躬自

曾国藩

曾国藩笃信修身齐家治国平天下的信念，时时反省自己的言行。他还以此来教导子弟，立人为本，得以屹立朝廷几十年。

问：「难道是我对别人的仁爱还不够吗？」自己管理（或领导）别人，别人却不服管理（或领导），自己便应该反躬自问：「难道是我智谋不够吗？」自己对别人很有礼貌，别人却不加理睬，自己便应该反躬自问：「难道是我恭敬还不够吗？」凡是自己的行为没有得到预期效果的都要反过来从自己身上去找原因，自身做对了，天下的人自然而然会归向自己。《诗》里就说过这样的话：「永远修德配天命，多福还得自己求。」』

孟子曰：『人有恒言，皆曰「天下国家。」天下之本在国，国之本在家，家之本在身。』

译文

孟子说：『人们有句口头常说的话，都说是「天下国家」。可见天下的根本在国，国的根本在家，家的根本则在于各个人本身。』

原文

孟子曰：『为政不难，不得罪于巨室。巨室之所慕，一国慕之；一国之所慕，天下慕之。故沛然德教溢乎四海。』

译文

孟子说：『办理政治并不难，（关键在于自己修身养性，）不得罪那些很有影响的贤卿大夫的家族。因为那些贤卿大夫的家族所仰慕的，一国的人便也都会争着仰慕；一国的人所仰慕的，普天下的人便同样会争着仰慕，所以你的德教便会声势浩大、不可遏抑地充溢于天下了。』

原文

孟子曰：『天下有道，小德役大德，小贤役大贤；天下无道，小役大，弱役强。斯二者，天也。顺天者存，逆天者亡。齐景公曰：「既不能令，又不受命，是绝物也。」涕出而女于吴[①]。今也小国师大国而耻受命焉，是犹弟子而耻受命于先师也。如耻之，莫若师文王。师文王，大国五年，小国七年，必为政于天下矣。《诗》云：「商之孙子，其丽不亿。上帝既命，侯于周服。侯服于周，天命靡常。殷士肤敏，裸将于京。」孔子曰：「仁不可为众也。夫国君好仁，天下无敌。」今也欲无敌于天下而不以仁，是犹执热而不以濯也。《诗》云：「谁能执热，逝不以濯？」』

注释

①涕出而女于吴：齐景公惧怕吴王阖闾伐齐，不得已把女儿嫁给阖闾。送别女儿时，哭着说：『余死不汝见矣。』又说：『余有齐国之固，不能以令诸侯，又不能听，是生乱也。寡人闻之，不能令，则莫若从。』

译文

孟子说：『天下太平、政治上了轨道的时候，道德平庸的人供道德高尚的人役使，才能一般的人供才能高超的人役使；天下不太平，政治乱了套的时候，小国被大国奴役，弱国被强国奴役。这两种情况，都是天的意志所决定的。顺从天意的就能生存，违背天意的就要灭亡。齐景公说过：「既没有能力命令别人，又不愿接受别人的命令，这是自绝于人。」他只得流着眼泪把女儿嫁给了吴国。现在一些小国学着大国一样奢侈享乐，却又不愿意接受大国的命令，这就跟学生把接受老师的命令看做是耻辱一样。要是果真以为

可耻，就不如效法文王。效法文王，大国只消五年，小国只消七年，就一定可以统治整个天下了。《诗》里说过：「商朝的子孙，人数不下十万，上帝既已授命文王，他们也只好向周朝臣服。他们臣服于周廷，可见上天的弃和取不一定，殷朝的臣子壮美而又聪敏，他们将要去灌酒助祭于周京。」孔子说过：「仁者力量的大小是不能以人数的多少来判定的。如果国君爱好仁德，他就会无敌于天下。」现在有些人一心想自己无敌于天下却又不施行仁政，这就像是想手执烫东西而又不愿用冷水浇手一样。《诗》中说得好：「谁能手执烫东西，却不用水来浇濯？」』

孟子曰：『不仁者可与言哉？安其危而利其菑，乐其所以亡者。不仁而可与言，则何亡国败家之有？有孺子歌曰：「沧浪之水清兮，可以濯我缨；沧浪之水浊兮，可以濯我足。」孔子曰：「小子听之！清斯濯缨，浊斯濯足矣，自取之也。」夫人必自侮，然后人侮之；家必自毁，而后人毁之；国必自伐，而后人伐之。《太甲》曰：「天作孽，犹可违；自作孽，不可活。」此之谓也。』

译文

孟子说：『对于那些不施仁爱的人，怎可用言词来说服他们呢？处境危险，他们却视为安全，灾祸临头，他们却视为大吉大利，分明是自取灭亡的勾当（指不施仁爱），他们却当作无上的快乐。如果不仁的人而可用言词说服的话，那世上怎么还会有什么亡国败家的惨剧发生呢？从前有个儿童唱着一首这样的歌：「碧绿的河水清又清，可以洗我帽上的缨；碧绿的河水忽变浊，可以洗我的泥巴脚。」孔子在一旁听了说：「后生们听呀！水清就可以洗帽绳，水浊就只能洗脚了。这都是由水本身的性质决定的。」（由此可见，）人们一定是自己先有招致侮辱的言行，然后别人才敢侮辱他；一个家庭一定是自己先出现了漏洞，然后别人才会来毁坏它；一个国家说定是自己先给人以讨伐的借口，然后别人才来讨伐它。《尚书·太甲篇》的「天造的孽，人们还可以逃避；如果是自己造下孽，那就活也活不了」。就正是这个意思。』

太宗皇赐房玄龄

唐太宗李世民文治武功，仁义泽被天下。起初随父起事，各方征战，许多有才之士为他折服，纷纷前来投靠。房玄龄本是隋朝旧臣，但见杨广暴行无端，人民怨愤，也归顺李世民，为他出谋划策。李世民登基后，房玄龄也兢兢业业，处理大小事务，为贞观之治奠定基础。

原文

孟子曰：『桀纣之失天下也，失其民也；失其民者，失其心也。得天下有道：得其民，斯得天下矣。得其民有道：得其心，斯得民矣。得其心有道：所欲与之聚之，所恶勿施尔也。民之归仁也，犹水之就下、兽之走圹也。故为渊驱鱼者，獭也；为丛驱爵者，鹯也；为汤、武驱民者，桀与纣也。今天下之君有好仁者，则诸侯皆为之驱矣；虽欲无王，不可得已。今之欲王者，犹七年之病求三年之艾也；苟为不畜，终身不得。苟不志于仁，终身忧辱，以陷于死亡。《诗》云：「其何能淑，载胥及溺。」此之谓也。』

译文

孟子说：『桀、纣两个暴君之所以会丧失天下，是由于失去了老百姓的拥护；而失去老百姓拥护的原因，又是因为失去了民心。

要得到天下有它的方法：得到天下老百姓的拥护，就能得到天下；得到天下老百姓拥护有它的方法：得到天下的民心，便能得到天下老百姓的拥护；得到天下的民心有它的方术：他们所需要的，便替他们收聚起来，他们所不愿意接受的，便不要强加到他们的头上去，不过这样罢了，（难道还有别的什么窍门吗？）老百姓的归向于仁政，就像水往低处流，兽朝旷野跑。所以替深渊赶来游鱼的是水獭；替森林赶来飞鸟的是鹞鹰；替汤王和武王赶来老百姓的是夏桀和商纣。现在天下的国君中只要有爱好仁德、施行仁政的，那么其他的诸侯便都会替他把老百姓赶到境内来。这样的好国君，就算他不想统一天下，也是办不到的。现在那些妄想统一天下的人，就好像患了七年的久病，需要谋取三年的陈艾来医治一样。如果平时不去蓄藏，那就一辈子也得不到。（一个国君）如果对施仁政不感兴趣，那他就要一辈子处在忧愁和受凌辱之中，一直到他死亡。《诗》里说过：「（这样子胡作非为）又怎么能把事办好，到头来还是一块儿沉深渊。」说的就是这种人。」

孟子曰：『自暴者，不可与有言也；自弃者，不可与有为也。言非礼义，谓之自暴也；吾身不能居仁由义，谓之自弃也。仁，人之安宅也；义，人之正路也。旷安宅而弗居，舍正路而不由，哀哉！』

孟子说：『一个自暴自弃的人，不能跟他谈正经话；一个自弃的人，不可以跟他有所作为。一个人讲起话来诋毁礼义，叫做「自暴」；自认为不能心怀仁德、行合正道，叫做「自弃」。仁，是人平安居住的住宅；义，是人应走的正路。空着住宅而不居住，舍弃了正路而不走，这是多么令人悲哀的事情啊！』

孟子曰：『道在迩而求诸远，事在易而求诸难：人人亲其亲，长其长，而天下平。』

译文

孟子说：『治理天下的方法本来就在近边，却要丢下它向远处去求，（自然那方法就离人更远了，）治理天下的事本是轻而易举的，却要向难处去寻找，（事情反而更难办了。）只要人人各自亲爱自己的双亲，各自尊敬自己的长辈，那么天下自然就可以治理好了。』

原文

孟子曰：『居下位而不获于上，民不可得而治也。获于上有道，不信于友，弗获于上矣。信于友有道，事亲弗悦，弗信于友矣。悦亲有道，反身不诚，不悦于亲矣。诚身有道，不明乎善，不诚其身矣。是故诚者，天之道也；思诚者，人之道也。至诚而不动者未之有也；不诚，未有能动者也。』

译文

孟子说：『身处在下面的职位却不能得到上司的信任，便不可能治理好百姓。获得上司的信任有它的方法，一个人不被朋友所信任，便得不到上司的信任了，得到朋友的信任有它的方法，一个人侍奉父母却不能得到父母的欢心，便不会得到朋友信任了。得到父母的欢心有它的方法，一个人反省自身，缺乏诚意，便得不到父母的欢心了。要使本身具备诚心有它的方法，一个人不懂得什么是善，本身也就不会具备诚心了。所以诚心善性是天所赋予人的优良本性；考虑保持和发扬这种诚心善性是人为努力。一个人做到了至诚无伪而人们却不被感动，是绝对没有的事；缺乏诚心的人是不能感动别人的。』

姜太公

姜尚，即太公，后世人多称其为姜子牙。本为殷商大臣，不满纣王的暴虐，逃离朝歌，到鄱溪隐居垂钓。姜尚垂钓用直钩，且钩在水面上，名为垂钓，实则待王侯相约。后文王出外访贤，拜姜尚为相，辅佐天下。

原文

孟子曰：『伯夷辟纣，居北海之滨①，闻文王作，兴曰：「盍归乎来！吾闻西伯善养老者。」太公②辟纣，居东海之滨③，闻文王作，兴曰：「盍归乎来！吾闻西伯善养老者。」二老者，天下之大老也，而归之，是天下之父归之也。天下之父归之，其子焉往？诸侯有行文王之政者，七年之内，必为政于天下矣。』

注释

①北海之滨：其地在今濒临渤海的河北昌黎一带。②太公：即姜太公，因祖先曾封于吕地，故又姓吕，名尚，字子牙，号太公望。曾辅佐文王、武王灭商建立周朝。③东海之滨：其地在今山东莒县东部。

译文

孟子说：『伯夷逃避暴君纣王的统治，隐居在北海边上，听说文王兴盛起来了，精神振奋地说：「我为什么不归到那里去呢！我听说西伯是善于奉养老人的人。」太公姜尚逃避暴君纣王的统治，隐居在东海边上，听说文王兴盛起来了，精神振奋地说：「我为什么不归到那里去呢！我听说西伯是善于奉养老人的人。」伯夷和太

公二位老人，是天下德高望重的著名老人，而他们都归到西伯（即文王）那里去，这就等于是天下的父老归向西伯（即文王）了。天下的父老都归向他，他们的儿子一辈（不归向他）又归向谁呢？当今的诸侯们中如果有效法文王愿意实行仁政的，用不了七年时间，就一定能统一天下了。』

原文

孟子曰：『求也为季氏宰[①]，无能改于其德，而赋粟倍他日。孔子曰：「求非我徒也，小子鸣鼓而攻之可也！」由此观之，君不行仁政而富之，皆弃于孔子者也，况于为之强战？争地以战，杀人盈野；争城以战，杀人盈城：此所谓率土地而食人肉，罪不容于死。故善战者服上刑，连诸侯者次之，辟草莱、任土地者次之。』

注释

①求也为季氏宰：求，冉求，孔子弟子。季氏，指季康子，鲁国卿。

译文

孟子说：『冉求虽然做了鲁国公卿季康子的家臣，没有能力改变他的所作所为，却帮着他向老百姓征收比往日增加一倍的粮谷。孔子说：「冉求，已经不是我们中的人了，弟子们可以大张旗鼓地去责数他的过错！」从这件事看来，凡是去帮助不行仁政的君主搜刮财富的人，都是被孔子所唾弃的；何况对于那些为霸主们去努力作战的人呢！为了争夺土地而进行战争，往往杀人遍野；为了争夺城池而进行战争，往往杀人满城，这就是我们所说的为了土地而吞噬人肉，这种人罪大恶极，处以死刑还不足以偿还他们的罪恶。所以那些能征惯战的人应该受到最重的刑罚，那些搞「合纵连横」唆使诸侯们拉帮结伙互相攻战的人该受次一等的刑罚，那些迫使百姓开荒山、尽地力以增加霸主们赋税收入的人也该受到更次一等的刑罚。』

杨坚

杨坚开创隋朝时，勉力维持自己的形象，安抚民众。当时房玄龄年纪尚幼，与父到都城，见到杨坚的种种作为，房玄龄当时即预言杨坚是伪善之徒，隋朝很快便会灭亡。不久以后，杨坚果被其子杨广害死，隋朝之后也覆亡。

原文

孟子曰：『存乎人者，莫良于眸子。眸子不能掩其恶。胸中正，则眸子瞭焉；胸中不正，则眸子眊焉。听其言也，观其眸子，人焉廋哉？』

译文

孟子说：『观察人的方法，没有比观察人的眼睛更好了。眼睛不能掩盖人们内心的丑恶。一个人心中正直，眼睛就显得清明；心中不正直，眼睛看上去就不免昏花。听一个人的话，观察他的眼神，这个人内心的好坏又怎么能隐藏得了呢？』

原文

孟子曰：『恭者不侮人，俭者不夺人。侮夺人之君，惟恐不顺焉，恶得为恭俭？恭俭岂可以声音笑貌为哉？』

译文

孟子说：『一个真正恭敬的人不会侮辱别人，一个真正俭朴的人不会掠夺别人。那些侮辱、掠夺别人的君主，生怕别人不顺从他的欲望，又怎么做得到恭俭呢？恭俭这两种美德难道是可以单凭悦耳的声音和讨好的笑脸做得出来的吗？』

原文

淳于髡[1]曰：『男女授受不亲，礼与？』

孟子曰：『礼也。』

曰：『嫂溺，则援之以手乎？』

曰：『嫂溺不援，是豺狼也。男子授受不亲，礼也；嫂溺，援之以手者，权也。』

曰：『今天下溺矣，夫子之不援，何也？』

曰：『天下溺，援之以道；嫂溺，援之以手。子欲手援天下乎？』

注释

①淳于髡：齐国著名辩士，曾在齐威王、齐宣王和梁惠王的朝廷做官。

译文

淳于髡问（孟子）道：『男女之间不亲手递接东西，这是礼制规定的吗？』

孟子说：『是礼制的规定。』

淳于髡又说：『要是自己的嫂嫂掉进河里，那么，是不是要用手去援救她上岸呢？』

孟子说：『自己的嫂嫂掉进河里而不用手去援救，这是豺狼的行为。男女之间不亲手递接东西，这是礼制的规定；自己的嫂嫂掉进河里，可以直接用手去拉她上岸，这是变通的办法。』

淳于髡说：『现在天下像掉进了深渊，你却不救助，为什么呢？』

孟子说：『现在天下的人就像掉进了深渊中，得用道去援救；自己的嫂嫂掉进了河里，要用手去拉她——难道您要用手去救援掉进深渊中的天下老百姓吗？』

公孙丑曰：『君子之不教子，何也？』

孟子曰：『势不行也。教者必以正，以正不行，继之以怒。继之以怒，则反夷矣。「夫子教我以正，夫子未出于正也。」则是父子相夷也。父子相夷，则恶矣。古者易子而教之，父子之间不责善。责善则离，离则不祥莫大焉。』

公孙丑问道：『做君子的不亲自教育儿子，是什么缘故呢？』

孟子答道：『这是由于情势上行不通。执教的人一定要用正道理去教育学生，用正道理而不发生效果，执教的人随之而来的往往是被激怒，执教的人一被激怒，就反而伤了双方的感情。（儿子心里会这样非议父亲：）「您搬出正道理来一本正经地教育我，您自己的所作所为却并未合乎正道理。」这就伤了父子的感情。父子失和，可就坏了。古时候人们相互交换儿子来进行教育，父子之间避免互相拿正道理来责求对方。父子之间互相拿正道理来责求对方，彼此就会因此产生隔膜，彼此之间有了隔膜，那是最糟糕的事。』

原文

孟子曰：『事，孰为大？事亲为大；守，孰为大？守身为大。不失其身，而能事其亲者，吾闻之矣；失其身，而能事其亲者，吾未之闻也。孰不为事？事亲，事之本也；孰不为守？守身，守之本也。曾子养曾皙，必有酒肉；将彻，必请所与；问有余，必曰，「有」。曾皙死，曾元养曾子，必有酒肉；将彻，不请所与；问

有余，曰：「亡矣。」——将以复进也。此所谓养口体者也。若曾子，则可谓养志也。事亲若曾子者，可也。』

译文

孟子说：『侍奉谁最为重要呢？侍奉父母最为重要；操守什么最为重要呢？操守一个人自身（使它不陷于不义）最为重要。不让自身陷于不义而又能侍奉好他的父母的人，我听说过；本身陷于不义，却能侍奉好父母的人，我没有听说过。什么长者不应该侍奉呢？可侍奉父母却是最根本的；什么正义的事不应该坚持呢？可操守本身使不陷于不义却是最根本的。曾子奉养他父亲曾皙，每顿饭一定要备办酒肉；用完餐将要撤去杯盘时，一定得请示父亲，余下的酒肉给谁吃；父亲要是问还有没有剩余，一定回答说有。曾皙死后，曾元奉养曾子，每顿饭也还是有酒肉，但用完膳将要撤席时，却不请示剩余的酒菜给谁吃；碰到父亲问还有没有剩余，就回答说没有了——为的是好将剩余的酒菜下餐再送上给父亲吃。这就是所谓养口体的。像曾子，就称得上说是顺从亲意（不单是养口体而已）。侍奉双亲能做到像曾子那样，就算行了。』

原文

孟子曰：『人不足与适也，政不足间也，唯大人为能格君心之非。君仁，莫不仁；君义，莫不义；君正，莫不正。一正君而国定矣。』

译文

孟子说：『对那些当权的小人不值得去指摘，对他们的政治也不值得去非议；只有大德的人才能纠正君主思想上的错误。（在一个国家内，君主是起决定作用：）君主存心仁爱，下面便没有不存心仁爱的；君主行事合宜，下面便没有不行事合宜的；君主作风正派，下面便没有不正派的。君主得到端正，整个国家便自己安定了。』

原文

孟子曰：『有不虞之誉，有求全之毁。』

译文

孟子说：『有出乎意料之外的赞誉，也有本求无过而偏遭诋毁的事。』

原文

孟子曰：『人之易其言也，无责耳矣。』

译文

孟子说：『人们之所以轻易发表言论，不过是因为他没有必要负什么责任罢了。』

原文

孟子曰：『人之患在好为人师。』

译文

孟子说：『人们的毛病，在于（缺乏自知之明）遇事喜欢充当人家的老师。』

苏武牧羊

平民发表言论和君主的言论不能同日而语，君主一言九鼎，一句话就能取人性命，使得人民流离失所。汉武帝派苏武出使匈奴，因为汉朝对匈奴的压迫，苏武羁留塞北十九年。汉武帝晚年对自己的作为比较后悔，但是事情已经无可挽回。

乐正子从于子敖之齐。

乐正子见孟子。孟子曰：『子亦来见我乎？』

曰：『先生何为出此言也？』

曰：『子来几日矣？』

曰：『昔者。』

曰：『昔者，则我出此言也，不亦宜乎？』

曰：『舍馆未定。』

曰：『子闻之也，舍馆定，然后求见长者乎？』

曰：『克有罪。』

乐正子跟随王欢来到了齐国。

乐正子谒见孟子。孟子说：『你也会来见我吗？』

乐正子说：『先生为什么讲出这样的话来呢？』

孟子反问：『你来了几天了？』

乐正子答道：『前些日子来的。』

孟子说：『既然你是前些日子来的，那么我说这样的话，不也是可以的吗？』

乐正子解释道：『因为客馆还没有定，（所以来迟了些）』

孟子说：『你听说过，等客馆定下了，然后才来谒见长辈吗？』

乐正子说：『这个是我有过错。』

原文

孟子谓乐正子曰：『子之从于子敖来，徒铺啜也。我不意子学古之道而以铺啜也。』

译文

孟子对乐正子说：『你的随从王子敖来齐国，只不过是为了饮食。我真没有想到你学了古人的大道，却拿来谋取饮食呢。』

原文

孟子曰：『不孝有三①，无后为大。舜不告而娶②，为无后也，君子以为犹告也。』

注释

①不孝有三：不孝的三件事是：一、对父母的过错阿意曲从，使父母陷入不义；二、家境贫困，父母年老，却不愿当官求俸禄以供养父母；三、不娶妻子，没有儿子，断绝了后代。②舜不告而娶：传说舜的父亲凶狠愚蠢，舜如果告诉他娶妻的事，肯定得不到他同意。不禀告不合礼，没有后代又是最大的不孝，两相权衡，只好『不告而娶』。

译文

孟子说：『（按礼制规定，）对父母不孝的事有三件，其中又以没有子孙后代为最大。（娶妻本应先告

诉父母，）帝舜不告诉父母而娶尧的二女为妻，就是因为担心绝了后代，所以在明理的君子看起来，他就算没有禀告父母，也和禀告了是一样的。』

孟子曰：『仁之实，事亲是也；义之实，从兄是也；智之实，知斯二者弗去是也；礼之实，节文斯二者是也；乐之实，乐斯二者，乐则生矣；生则恶可已也，恶可已，则不知足之蹈之手之舞之。』

译文

孟子说：『仁的实质，侍奉父母便是；义的实质，顺从兄长便是；智的实质，便是透彻地了解这两者的道理而执著地守着它片刻不离；礼的实质，便是调节这两者，（即使它们不文过其实，又不失应有的礼仪；）乐的实质，便是喜爱这二者，快乐也就自然地产生了；快乐一产生就无法再遏止了，快乐无法遏止，就情不自禁地要手舞足蹈起来了。』

原文

孟子曰：『天下大悦而将归己，视天下悦而归己，犹草芥也，惟舜为然。不得乎亲，不可以为人；不顺乎亲，不可以为子。舜尽事亲之道而瞽瞍[1]厎豫，瞽瞍厎豫而天下化，瞽瞍厎豫而天下之为父子者定，此之谓大孝。』

注释

①瞽瞍：舜的父亲。

译文

孟子说：『天下的人都很高兴，并且将要归附于自己；把天下的人征服并将归附于自己，看得像草芥一样不那么重要，只有舜是这样。（在舜的眼中看来，）儿子与父母的关系相处得不好，不可以做人；儿子不能事事顺从父母的心意，便不成其为儿子。（所以，）舜尽了一切事亲之道而使瞽瞍由不高兴到高兴了，瞽瞍由不高兴到高兴了，于是普天下的人都受到了感化，瞽瞍由不高兴到高兴了，于是天下作为父子的伦常关系也自此确定了，这就叫做大孝。』

子产

子产，即公孙侨，字子产，春秋时期郑国贤相，著名的政治家和思想家。子产心地仁厚，对百姓关爱有加。

离娄章句下

原文

孟子曰：『舜生于诸冯①，迁于负夏，卒于鸣条，东夷之人也；文王生于岐周②，卒于毕郢，西夷之人也。地之相去也，千有余里；世之相后也，千有余岁。得志行乎中国，若合符节③，先圣后圣，其揆一也。』

注释

①诸冯：与下文的负夏、鸣条，皆古地名，具体所在已无法确指，传说都在今山东省。②岐周：岐，即今陕西岐山县东北的岐山；『周』是国名。③符节：古代朝廷用作凭证的信物，用金、玉、竹、铜、木等制作，形状不一，上写文字，剖分为二，双方各执一半，使用时将两半相合以验真假。

译文

孟子说：『舜出生在诸冯，迁居到负夏，死在鸣条，是东方边远地区人。文王出生在岐周，死在毕郢，是西方边远地区人。地域相距一千多里，时代相隔一千多年。当他们得志后在中国实现他们的抱负，简直没有两样，前代的圣人和后代的圣人，他们的准则都是一个样。』

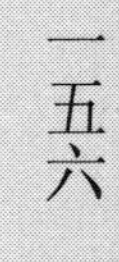

原文

子产[1]听郑国之政，以其乘舆济人于溱洧[2]。孟子曰：『惠而不知为政。岁十一月，徒杠[3]成；十二月，舆梁成，民未病涉也。君子平其政，行辟人可也，焉得人人而济之？故为政者，每人而悦之，日亦不足矣。』

注释

①子产：姓公孙，名侨，字子产，春秋时郑国的贤宰相。②溱洧：两条河水的名称，会合于河南密县。③徒杠：可供人徒步行走的小桥。

译文

子产在郑国当政，用他自己乘坐的车子在溱水和洧水那里把行人渡过去。孟子说：『这只是小恩小惠，却并不懂得如何办好政事。要是十一月过人的小桥修成了，十二月过车辆的大桥修成了，老百姓便不会再为渡河的事担忧了。在上面做官的君子如果办好了政事，哪怕是出去时鸣锣开道，叫行人回避自己也是行得通的，又怎能去一一的帮助行人渡河呢？所以办理政事的人要讨得每个人欢心，那时间也是不够用的呢。』

原文

孟子告齐宣王曰：『君之视臣如手足，则臣视君如腹心；君之视臣如犬马，则臣视君如国人；君之视臣如土芥，则臣视君如寇雠。』

王曰：『礼，为旧君有服[1]。何如斯可为服矣？』

曰：『谏行言听，膏泽下于民；有故而去，则君使人导之出疆，又先于其所往；去三年不反，然后收其田里。此之谓三有礼焉。如此，则为之服矣。今也为臣，谏则不行，言则不听；膏泽不下于民；有故而去，

则君搏执之，又极之于其所往；去之日，遂收其田里。此之谓寇雠。寇雠，何服之有？』

注释

①为旧君有服：指离职的臣子为原先的君主服孝。

译文

孟子告诉齐宣王说：『君主把臣下看得如同自己的手足，臣下就会把君主看得如同自己的腹心；君主把臣下看得如同狗马，臣下就会把君主看得如同普通国人；君主把臣下看得如同土块草芥（一样不值钱），臣下就会把君主看得像仇敌一样。』

宣王（听了这些话，心里觉得有些过分，便故意）问道：『礼制规定：不在职了的臣下还得为旧日的君主穿一定的孝服，在什么情况下才可以为旧日的君主服孝呢？』

孟子说：『如果臣下劝善规过的话他照办了，好的建议他听取了，因而恩惠下达到了老百姓身上；臣下因故必须离国时，君主就派人引导护送他安全出境，又事先打发人到他所要去的地方布置妥善，并到处宣传他的长处优点；离国三年之后还没有回来，然后才收回他的采地房屋。这就叫做三有礼。君主能做到这样，臣下（在

伍子胥鞭尸

伍子胥是君臣成仇敌的典型。伍子胥本是楚国人，其父为楚国大臣，因为得罪楚平王，满门抄斩。伍子胥侥幸逃脱，后追随吴王阖闾。吴楚大战，吴国大败楚国，其时楚平王已死，但伍子胥仍将楚平王的坟墓扒开，鞭尸三百。

他死了后）就会为他服孝。现在做臣下的人，劝善规过的话不被接受，正确的建议不去采纳，因而恩惠也不达到老百姓身上；臣下因故离国时，君主就派人逮捕他的家人亲属，又故意在他所要去的地方制造种种困难，置他于死地；刚一离开，便没收他的采地和房屋。这便叫做仇敌。既然是仇敌，还服什么孝呢？』

原文

孟子曰：『无罪而杀士，则大夫可以去；无罪而戮民，则士可以徙。』

译文

孟子说：『（君主）无辜地杀害士人，做大夫的就可以离开这个国家；没有原因地屠杀老百姓，做士人的就可以迁往别处。』

原文

孟子曰：『君仁，莫不仁；君义，莫不义。』

译文

孟子说：『君主存心仁爱，下面的臣民便无不存心仁爱的；君主行事合宜，下面的臣民便没有行事不合宜。』

原文

孟子曰：『非礼之礼，非义之义，大人弗为。』

译文

孟子说：『似是而非的礼，似是而非的义，有大德的君子是不做的。』

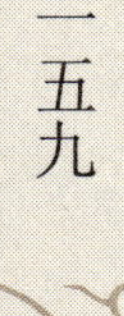

原文

孟子曰：『中也养不中，才也养不才，故人乐有贤父兄也。如中也弃不中，才也弃不才，则贤不肖之相去，其间不能以寸。』

译文

孟子说：『道德修养高尚的贤者应该熏陶培育道德修养不高的人，有才智的能人应该熏陶培育人才智低下的人，所以人们愿意（或乐于）家里有贤能的父兄。要是道德修养高尚的贤者抛弃道德修养不高的人，有才智的能人抛弃才智低下的人，那么，贤和不贤两种人之间的距离，简直不能用分寸去量了。』

原文

孟子曰：『人有不为也，而后可以有为。』

译文

孟子说：『人只有对某些事舍弃不干，然后才可以有所作为。』

原文

孟子曰：『言人之不善，当如后患何？』

译文

孟子说：『专爱说别人的坏话，一旦因此而引起后患，应当怎么办呢？』

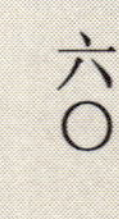